Présentation des desserts à l'assiette
플레이팅 디저트

Matsushita Yusuke 지음
용동희 옮김

CONTENTS

- 이 책의 레시피에 대하여 ······ 4
- 플레이팅 디저트의 아이디어와 구성 ······ 5
- 기초테크닉 1_ 생크림 거품내기 ······ 28
- 기초테크닉 2_ 크넬(럭비공모양) 만들기 ······ 40

훈제 아몬드향 사과 타탱 ······ 10
사과 콩포트, 농축 사과 소스, 사과 퓌레, 사과 타탱, 카르다몸 아이스크림,
타탱 풍미의 크렘 파티시에, 팽 드 젠, 훈제 아몬드, 푀이타주 앵베르세

감 바나나 럼주 밀푀유 ······ 20
푀이타주 앵베르세, 럼주 풍미의 크렘 푸에테, 바나나 캐러멜리제, 나뭇잎모양 튀일,
럼주 아이스크림, 크렘 무슬린, 감 소테

타임향 수플레 프로마주와 프뤼이 루즈 ······ 30
수플레 프로마주, 타임 풍미의 치즈크림, 살구 오렌지 콩피튀르, 프뤼이 루즈와 타임 아이스크림, 그리오트 콩포트,
코코넛 아이스크림, 레몬 크림, 프로마주 크뤼, 바닐라 크럼블, 그리오트 크림, 머랭, 크랜베리 설탕절임, 민트 설탕가루

서양배 얼그레이 올리브 콩포지시옹 ······ 42
얼그레이 크렘 브륄레, 서양배 소르베, 서양배 바닐라 올리브 콩피튀르,
서양배 콩포트, 서양배 무스, 꿀 올리브오일 소스

치즈기향 그리오트 로즈메리 소르베와 쇼콜라 블랑 무스 ······ 50
쇼콜라 블랑 무스, 그리오트 로즈메리 소르베, 그리오트 콩피튀르,
로즈메리 거품, 치즈기 설탕가루, 치즈기 소스

베르가모트향 귤 콩포트, 캐모마일과 화이트와인 무스 ······ 58
귤 콩포트, 귤 나파주, 요구르트 소스, 귤 콩피튀르, 베르가모트 파트 드 프뤼이, 이탈리안 머랭,
화이트와인 무스, 설탕 입힌 식용꽃, 베르가모트 스페리피케이션, 캐모마일 무스, 판초콜릿 장식

무화과 프로마주 크레페 ······ 68
바닐라 농축액, 시나몬 바닐라 대나무숯 크레페, 치즈 무스, 고르곤졸라치즈 수플레,
블랙커런트 스페리피케이션, 바닐라 아이스크림, 무화과 콩포트, 레몬 콩피튀르

콩 바나나 율무차 콤비네이션 ······ 78
피스타치오 시폰케이크, 럼주 소스, 럼주 봄브, 클로브(정향) 풍미의 녹두, 병아리콩 페이스트, 흰강낭콩 시럽조림, 검은콩(단파흑두) 단조림,
피스타치오 크림, 캐러멜 풍미의 크렘 파티시에, 바나나 캐러멜리제, 율무차 아이스크림, 바나나 크렘 브륄레, 풋콩 튀일

딸기 바질 프로마주 콩포지시옹 ······ 92
딸기 바질 소르베, 딸기 콩피튀르, 딸기 거품, 마스카르포네치즈 무스, 프로마주 블랑 크림, 바질 설탕가루

멜론 말차 스프 ······ 98
멜론 줄레, 멜론 마리네이드, 멜론 무스, 말차 소스, 말차 거품

자몽 와라비모치와 가가보차 소르베 ······ 104
가가보차 자몽 소르베, 자몽껍질 크리스탈리제, 자몽 와라비모치, 반건조 자몽,
얼린 자몽, 자몽 줄레, 민트 줄레, 민트 거품

라임과 바닐라향 백도 와사비 소르베 …… 112
라임 무스, 프랑부아즈 튀일, 백도 라임 바닐라 콩피튀르, 프랑부아즈 백도 라임 바닐라 소스, 백도 마리네이드액, 백도 나파주, 백도 프랑부아즈 거품, 메이플슈거 바닐라 아이스크림, 바닐라 풍미의 크렘 샹티이, 와사비 설탕가루, 백도 와사비 소르베

쇼콜라 콩포지시옹 …… 122
루바브 레드와인 콩포트, 레드와인 풍미의 테린 쇼콜라, 청소엽 화이트와인 소르베, 크렘 브륄레 쇼콜라, 그랑마르니에 소르베, 카카오닙 설탕절임, 사과 캐러멜리제, 시부스트 쇼콜라, 비스퀴 쇼콜라 상 파린, 쇼콜라 크럼블, 청소엽 설탕가루

트로피칼풍 망고 쇼콜라 …… 132
코코넛 아이스크림, 망고 콩피튀르, 코코넛오일 파우더, 망고 크림, 카다이프, 망고형 쇼콜라 블랑 몰드, 코코넛 무스, 망고 설탕절임, 망고 프랑부아즈 소스

포도 발효유 콤비네이션 …… 142
꿀 무스, 건포도 화이트와인절임, 포도 콩포트, 시가르, 발효유, 발효유 튀일, 발효유 크림, 팽 오 미엘, 팽 오 미엘 시럽절임, 미드 사바용

라벤더향 퐁당 오 쇼콜라 …… 150
라벤더 농축액, 라벤더 풍미의 가나슈, 라벤더 슈거, 라벤더 풍미의 퐁당 오 쇼콜라, 라벤더 아이스크림, 라벤더 블루맬로 머랭, 라벤더 풍미의 쇼콜라 무스, 쇼콜라 카페 크럼블, 블랙커런트 소스, 카카오 튀일

토마토 오렌지 냉수프 …… 160
토마토 오렌지 냉수프, 토마토 프랑부아즈 소스, 생강 거품, 요구르트 아이스크림, 민트 소르베

레몬 소르베와 프랄리네 아이스크림 …… 166
레몬 콩포트, 레몬 소르베, 마스카르포네치즈 크림, 레드와인 소스, 헤이즐넛 프랄리네, 크렘 앙글레즈, 프랄리네 아이스크림, 레몬그라스 무스, 다쿠아즈, 아몬드 크리스탈리제, 바나나 밤 캐러멜 소테

아마레토향 티라미수 …… 176
다쿠아즈, 커피 시럽, 에스프레소 수플레, 에스프레소 소스, 카페 프랄린, 카페라테 거품, 아마레토 무스, 누가, 아메리칸체리 보드카절임, 커피 풍미의 테린 쇼콜라

스페퀼로스 스파이스향 무화과 파르시와 팽 페르뒤 …… 184
팥조림, 무화과 팥 콩피튀르, 무화과 레드와인 소스, 무화과 로티, 스페퀼로스 스파이스 크럼블, 견과류 3종 크리스탈리제, 견과류와 스페퀼로스 스파이스 풍미의 아이스크림, 팽 페르뒤, 초콜릿 장식

오렌지 자몽 핫사쿠 사바랭 …… 194
핫사쿠 소스, 오렌지 페이스트, 오렌지 줄레, 자몽 파트 드 프뤼이, 오렌지 줄레와 자몽 파트 드 프뤼이 장식, 오렌지 시럽, 오렌지 체리 사바랭

아보카도 오렌지 생강 콤비네이션 …… 202
아보카도 페이스트, 오렌지 콩피튀르, 아보카도 무스, 오렌지 크리스탈리제, 생강 비스퀴 조콩드, 간장 바닐라 아이스크림, 생강 크리스탈리제, 튀일

클로브향 황도 로티 …… 212
쇼콜라 블랑 무스, 생강 패션프루트 소스, 사과 레몬 나파주, 황도 로티, 황도 살구 콩피튀르, 황도 튀일, 클로브(정향) 아이스크림, 아몬드 캐러멜리제, 잣 크리스탈리제

채소 과일 마리아주 …… 220
당근 페이스트, 당근 무스, 당근 프랑부아즈 소스, 리치 풍미의 크렘 푸에테, 리치 소르베, 루바브 콩포트, 채소 과일 소스, 파프리카 콩피튀르

가을 마리아주, 밤 퐁당 …… 226

밤조림, 마롱 풍미의 크렘 푸에테, 마롱 퐁당, 마롱 크림, 마롱 무스, 단호박 소스,
블랙커런트 무스, 고구마칩, 로즈메리 풍미의 크렘 파티시에

참깨향 유자 초피 쇼콜라 …… 234

유자 콩피튀르, 크렘 앙글레즈, 초피 풍미의 테린 쇼콜라, 프랑부아즈 유자 파트 드 프뤼이,
오렌지 유자 파트 드 프뤼이, 현미차 아이스크림, 브랜디 유자 소스, 참깨 초피 헤이즐넛 프랄리네,
유자껍질 크리스탈리제, 말차 팽 드 젠, 유자 크렘 브륄레 쇼콜라

- 용어 해설 …… 242
- INDEX …… 244

이 책의 레시피에 대하여

- 1큰술(1Ts) = 15㎖, 1작은술(1ts) = 5㎖(1㎖ = 1cc)
- 달걀은 중간크기를 사용한다. (껍질 제외 약 50g)
- 달걀, 우유, 생크림은 사용 전에 계량하고 사용 직전까지 냉장고에 보관한다.
- 올리브오일은 엑스트라버진 올리브오일을 사용한다.
- 버터와 발효버터는 모두 무염버터를 사용한다.
- 퓌레 종류는 냉동한 것을 사용 직전에 해동하여 사용한다.
- 대두레시틴파우더는 물에 잘 녹는 것을 사용한다.
- 바닐라빈은 씨를 긁어내고 껍질까지 사용한다.
- 덧가루는 강력분을 사용한다.
- 당도는 브릭스(Brix) 값을 활용하는데, 측정은 굴절계(당도계)를 사용한다.
- 프라이팬은 불소수지가공 제품을 사용한다.
- 믹서는 스탠드믹서를 사용. 용도(섞는 것)에 따라 후크, 휘퍼, 비터 등으로 바꿔서 사용한다.
- 오븐은 댐퍼(Damper. 공기의 유량을 조절하는 장치)가 있는 스팀컨벡션오븐을 사용한다. 브랜드와 기종에 따라 달라지므로 굽는 온도와 시간은 레시피를 기준으로 하되 사용하는 오븐 상태를 보면서 조절한다. 댐퍼가 없을 경우, '댐퍼를 열고'라고 쓰여진 레시피에서는 굽는 중간에 1~2번 오븐 문을 열어 수증기를 배출하면, 댐퍼를 연 상태와 같은 효과를 얻는 경우도 있으므로 오븐 상태를 보면서 조절한다.
- 오븐은 레시피에 표시된 굽는 온도보다 20℃ 높게 예열한다. 가스오븐의 경우에는 레시피의 굽는 온도보다 10~15℃ 낮은 온도로 굽는다. 또한, 굽는 시간을 10분 정도 늘려야 하는 경우도 있으므로 오븐 상태를 보면서 조절한다.
- 상온은 약 20℃ 정도를 말한다.

Cahier de présentation des desserts à l'assiette
플레이팅 디저트의 아이디어와 구성

'아시에트 데세르(assiette dessert)'라고도 하는
플레이팅 디저트는
『메인』, 『서브』, 『장식』 등 3가지 파트를
조합하여 구성한다.
조합하는 방법에 따라
다양한 플레이팅 디저트를 만들 수 있다.

오렌지 자몽 핫사쿠 사바랭(p.194)

사바랭과 소스로 만든 심플한 구성.
사바랭에 다양하게 만든 재료를 조화시켜
마지막 한입까지 즐길 수 있게 만들었다.

라벤더향 퐁당 오 쇼콜라(p.150)

맛에 일체감을 주면서도
메인인 퐁당 주변에
메인에 버금가는 매력적인 구성요소를
다양하게 조합하여 구성하였다.

1 기본 구성

메인과 서브 파트는
모두 메인으로도 서브로도 활용할 수 있다.
디저트의 디자인에 따라
메인이 되기도 하고 서브가 되기도 한다.

메인과 서브의 구성 요소

파이
크레페
수플레
퐁당
팽(빵)
무스
크렘 브륄레
아이스크림
소르베
제철과일과 채소 등

장식의 구성 요소

크림류

크렘 파티시에
크렘 앙글레즈
크렘 푸에테
크렘 샹티이
프로마주 크뤼 등

소스류

크림 베이스(크렘 앙글레즈 등)
술 베이스(레드와인 소스 등)
과일 퓌레 베이스(프랑부아즈 소스 등)
글라사주 등

반죽류

튀일
크럼블
파이
시폰이나 팽 드 젠 등

과일 · 너트류

파트 드 프뤼이
크리스탈리제
설탕절임 등

기타

초콜릿 장식(이미지에 따라 성형)
허브
식용꽃
과일과 채소 등

스페퀼로스 스파이스향 무화과 파르시와 팽 페르뒤(p.184)
7가지 향신료를 섞은 스페퀼로스 스파이스 등 향신료를 듬뿍 사용하여 접시 가득 향이 넘치는 디저트로 완성하였다.

2 만드는 과정

디자인부터 조합까지 일반적인 디저트 만들기와 같다.
다른 점은 아이스크림과 튀일 같은
보다 섬세한 구성요소를 만들어야 하고,
보다 많은 구성요소들을 서로 조합시켜야 하는 것이다.

디저트를 구상하고 디자인한다.
메인, 서브, 장식 등 각 구성요소와 그릇을 결정한다.
↓
메인, 서브, 장식 등 각 구성요소를 만든다.
↓
그릇에 조합하여 담는다.

쇼콜라 콩포지시옹(p.122)
진한 쇼콜라 베이스로만 구성하지 않고, 소르베와 루바브 콩포트 등을 균형 있게 조합하여 만들었다.

3 아이디어 접근 방법

무엇으로부터 아이디어를 얻는지에 대해
크게 2가지의 접근 방법을 생각할 수 있다.
어느 것이든 하나의 디저트를 완성하기 위해 필요한 요소이다.

접근 방법 1
맛, 식감으로 생각한다
제철 재료의 맛을 바탕으로 재료 고유의 맛을 활용하여 구성한다.
이 책에서는 「향」, 「유분 밸런스」, 「맛의 조화」를 키워드로 삼는다.

향
디저트를 입에 넣는 순간 감도는 향이다. 넣자마자 확 퍼지는지, 확실하게 느껴지는지, 계절감이 느껴지는지, 어떤 향(여러 향을 조합하는 경우도 있다)이 재미있는지 등을 기준으로, 향을 내는 재료를 선택한 다음 다른 재료와 조합한다.

유분 밸런스
재료가 가진 맛을 최대한 살리면서 유분을 조절하여(어느 정도 더하거나 빼서) 어떻게 보다 깊은 맛을 만들지 잘 생각한다.

맛의 조화
디저트를 특징짓거나, 여러 파트를 하나로 모아주거나, 무엇을 어떻게 숨겨둘 것인지, 1가지로만 제한하지 않고 여러 가지를 조합하여 중후한 맛(깊은 맛)으로 완성하는 경우도 있다.

차즈기향 그리오트 로즈메리 소르베와
쇼콜라 블랑 무스(p.50)
메인과 서브 파트에서 사용한 재료로 만든 리큐어가 아니라, 복숭아나 리치 등이 생각나는 달콤한 향의 엘더플라워 리큐어를 넣었다.

자몽 와라비모치와 가가보차 소르베(p.104)
동양과 서양의 융합을 시도한 이 디저트는
고유의 맛을 살리고 작으면서도 아름답게
마무리하기 위해 하얗고 오목한 그릇에 담았다.

콩 바나나 율무차 콤비네이션(p.78)
메인인 콩에 맞추어 서브와 장식 구성을
한입크기로 만들어서 전체를 조합하였다.
다양한 색을 조합하여 존재감 있는
디저트로 표현하였다.

감 바나나 럼주 밀푀유(p.20)
밀푀유 모양을 응용하여
서브와 장식의 구성요소를 매력적인 것으로 선택하여
밀푀유의 맛을 한층 더하였다.

접근 방법 2
비주얼 이미지로 생각한다

생각한 이미지를 바탕으로 재료와 구성요소를 선택한다.
「색」, 「모양」, 「크기」 등 여러 가지 요소를 고려한다.

색
이미지를 표현하기 쉬운 것은 색이다. 그린, 레드, 옐로, 화이트, 브라운(블랙) …… 등 다른 계열의 색을 다양하게 사용하면 화려하게 표현할 수 있고, 같은 계열의 색이나 단색을 사용하면 세련되게 표현할 수 있다. 이미지에 따라 선택한다.

모양
여러 종류의 재료와 구성요소를 조합하면 다양한 모양을 자유자재로 만들 수 있다. 맛, 식감뿐 아니라 시각적인 놀라움과 즐거움을 주는 디저트를 만든다.

크기
귀엽고 앙증맞게 만들 것인지, 다이나믹하게 만들 것인지 등 이미지에 따라 크기를 결정한다. 작아도 큰 임펙트와 만족감을 줄 수 있다.

장식
장식 이미지를 발전시키면 메인 재료와 구성요소가 장식으로 보이는 디저트가 탄생하기도 한다. 한계가 없는 자유로운 아이디어로 디저트를 만드는 것도 플레이팅 디저트(아시에트 데세르)의 매력이다.

그릇
플레이트와 아시에트는 '접시'를 의미한다. 그릇에서도 영감을 얻을 수 있으므로 접시도 중요한 재료 중 하나이다. 평평하고 큰 접시와 넓은 림이 있는 그릇이 요리를 표현하기 쉽고, 갈색이나 검은색 그릇은 섬세한 인상을 준다.

레몬 소르베와 프랄리네 아이스크림(p.166)
프랄리네 아이스크림을 럭비공모양(크넬)으로 올리고,
큐브모양의 레몬소르베를 둘러서 돔모양으로 만들어
전체 디자인에 재미를 더했다.

4 소스와 크림으로 무늬 그리기

소스와 크림으로 접시 위에 무늬를 그려서 표현하는 방법이다. 자유롭게 응용해보자.

가는 선을 그린다
가는 선을 직선으로 그리면
이미지가 샤프해진다.
(조금 걸쭉한 소스 등이 적당)

**굵은 선으로 시작해서
가는 선으로 그린다**
선의 변화가 동적인 이미지를 더한다.
(조금 걸쭉한 소스 등이 적당)

입체적인 선을 그린다
선 위에 디저트를 올릴 수도 있다.
(조금 걸쭉한 소스 등이 적당)

점무늬를 그린다
다양한 크기의 점 배치가
독특한 리듬으로 즐거움을 연출한다.
(조금 걸쭉한 소스 등이 적당)

다양한 색의 점무늬를 그린다
같은 크기의 점도 다양한 색으로 그리면
연출력이 향상된다.
(조금 걸쭉한 소스 등이 적당)

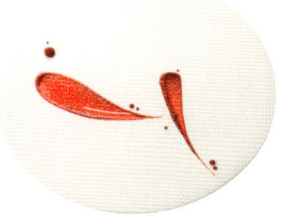

선과 점을 그린다
둥근 부분이 있는 선과 점으로
동적인 느낌과 입체감을 표현한다.
(조금 걸쭉한 소스 등이 적당)

다양한 선을 그린다
비슷한 스타일의 선(가는 선 등)은 방향을
맞추고, 나머지 선은 자유롭게 그린다.
(조금 묽은 소스도 가능)

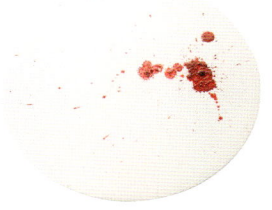

무작위로 점과 선을 그린다
스푼으로 소스를 떠서 접시에
흩뿌리듯이 그린다.
(조금 묽은 소스도 가능)

영어로 메시지를 그린다
글자의 시작과 끝 부분에 움직임을 주고,
주변에 반짝임을 표현한다.
(조금 걸쭉한 소스 등이 적당)

다양한 언어로 메시지를 그린다
한글, 한자, 외국어 등으로 표현하는데
문자 일부와 주위에 하트나 점을 곁들인다.
(조금 걸쭉한 소스 등이 적당)

Pomme-tatin, parfumée à l'amande fumée

훈제 아몬드향 사과 타탱

사과 콩포트, 농축 사과 소스,
사과 퓌레, 사과 타탱,
카르다몸 아이스크림,
타탱 풍미의 크렘 파티시에, 팽 드 젠,
훈제 아몬드, 푀이타주 앵베르세

플레이팅 디자인

- 생크림
- 푀이타주 앵베르세
- 바닐라 크럼블
- 타탱 풍미의 크렘 파티시에
- 사과 퓌레
- 농축 사과 소스
- 농축 사과 소스로 윤기를 낸 사과 콩포트 아래는 위부터 순서대로 카르다몸 아이스크림, 사과 타탱, 사과 퓌레를 바른 팽 드 젠
- 비올라
- 훈제 아몬드

플레이팅의 기술

그릇 평평한 큰 접시(지름 30.5㎝)

재료 1인분

생크림(유지방 35%, 70% 휘핑) …… 8g
팽 드 젠 …… 1개
사과 퓌레 …… 20g
바닐라 크럼블(p.37 참조) …… 5g
A 사과 퓌레 …… 3g
　　농축 사과 소스 …… 3g
　　타탱 풍미의 크렘 파티시에 …… 3g
사과 타탱 …… 2개 분량
카르다몸 아이스크림 …… 1개
사과 콩포트 …… 1/4개
푀이타주 앵베르세 …… 1개
훈제 아몬드 …… 10g
비올라 …… 적당량

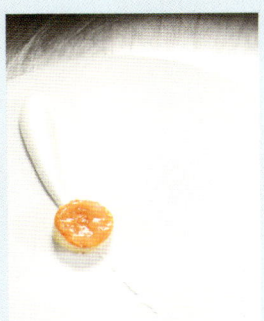 

1 스푼으로 생크림을 떠서 접시에 선을 그린다. 팽 드 젠을 선 앞에 올리고 사과 퓌레를 바른다.

2 크럼블을 뿌리고, **A**를 각각 짤주머니에 넣어서 접시에 점무늬를 그린다. 팽 드 젠에 타탱을 올리고 아이스크림을 15㎖ 스쿱으로 떠서 올린다.

3 콩포트를 올리고 **A**에서 남은 농축 사과 소스를 붓으로 콩포트에 발라 윤기를 낸다. 푀이타주 앵베르세를 비스듬히 올린다.

4 훈제 아몬드를 뿌리고 비올라를 장식한다. 꽃 위에 사과 퓌레를 점무늬로 장식한다.

사과 콩포트

재료 4접시 분량(만들기 편한 분량), 1/4개 사용(1접시)

사과 …… 1개
A 화이트와인 …… 150g
　그래뉴당 …… 50g
　레몬즙 …… 5g
버터 …… 10g
그래뉴당 …… 적당량

만드는 방법

1 사과는 껍질을 벗겨 4등분하고 심을 제거한다.

2 냄비에 **A**를 넣고 중불로 끓여서 시럽을 만든다.

3 **1**을 넣고 덮개를 냄비 속에 덮어 부드러워질 때까지 약불로 가열한다. 불에서 내려 랩을 밀착시켜서 씌우고 상온에서 식힌다.

4 **3**을 건져서 키친타월로 시럽을 살짝 닦고, 지름 5.5㎝ 세르클틀로 찍어서 모양을 만든다.

5 5㎜ 두께로 슬라이스하고 가지런히 모아놓는다.

6 실리콘 베이킹시트를 깐 오븐팬에 **5**를 나란히 올리고, 그 위에 그래뉴당을 살짝 뿌린 다음 버터를 올린다.

7 댐퍼를 닫은 160℃ 오븐에서 30~40분 굽고 꺼내서 식힌다.

8 동그랗게 구부려서 모양을 잡아 트레이 위에 올리고 표면을 토치로 그슬린다.

memo
- 냉장고에서 5일 보관할 수 있다.

농축 사과 소스

재료 10접시 분량(만들기 편한 분량), 3g 사용(1접시)

A | 사과즙······ 50g 사과 리큐어······ 2.5g
　| 레몬즙······ 1g
　| 바닐라빈······ 1/6개 분량

만드는 방법 (사진량 = 재료의 2배)

1 냄비에 **A**를 넣고 중불로 걸쭉해질 때까지 가열한다.

2 볼에 옮겨 랩을 밀착시켜 덮고 상온에서 식힌다.

3 사과 리큐어를 넣고 섞는다.

memo
· 냉장고에서 3일 보관할 수 있다.

사과 퓌레

재료 7접시 분량(만들기 편한 분량), 23g 사용(1접시)

사과과육(홍옥)······ 120g

A | 물······ 270g
　| 레몬즙······ 16g

B | 그래뉴당······ 21g
　| HM펙틴······ 0.5g

사과 리큐어······ 8g

만드는 방법

1 사과는 껍질을 벗겨 8등분하고, 심을 제거하여 5㎜ 두께로 슬라이스한다.

2 냄비에 **1**과 **A**를 넣고 뚜껑을 덮은 다음, 약불로 사과의 식감이 거의 느껴지지 않을 정도로 부드러워질 때까지 가열한다.

3 **2**의 사과과육만 건져서 물기를 제거하여 볼에 넣고, 핸드블렌더로 갈아 퓌레상태를 만든다.

4 다른 볼에 **B**와 약간의 **3**을 넣고 섞다가, 나머지 **3**과 함께 **2**의 냄비에 모두 넣고 중불로 가열한다.

5 불에서 내려 볼에 옮기고 얼음물 위에서 식힌다. 식으면 얼음물에서 꺼내 사과 리큐어를 섞는다.

memo
· 사과를 가열하는 동안 물이 부족해지면 보충한다.
· 냉장고에서 3일 보관할 수 있다.

사과 타탱

재료 지름 2.5cm 실리콘반구형틀 13개 분량(만들기 편한 분량), 2개 분량 사용(1접시)

사과(홍옥) …… 3개
그래뉴당 …… 30g
버터 …… 30g
사과 퓌레(p.13 참조) …… 20g

A 그래뉴당 …… 20g
  물 …… 10g

만드는 방법

1 사과는 껍질을 벗겨 8등분하고 심을 제거한다.

2 냄비에 그래뉴당을 넣고 중불로 졸여서 진한 캐러멜을 만든다.

3 1을 넣고 중불~약불로 캐러멜과 잘 버무리면서 가열한다.

4 사과에서 수분이 나오면 사과 안에 씹히는 부분이 살짝 남아 있을 정도로 가열하고, 버터를 넣어 골고루 섞는다

5 불을 끄고 사과 퓌레를 넣어 섞는다.

6 다른 냄비에 A의 그래뉴당을 넣고 중불로 짙은 색이 될 때까지 졸인 다음, A의 물을 넣고 섞는다.

7 깊은 트레이에 버터(분량 외)를 바르고 그래뉴당(분량 외)을 뿌린 다음, 6을 붓고 5를 차곡차곡 깐다.

8 댐퍼를 닫은 165℃ 오븐에서 1시간 굽는다.

9 트레이에 꺼내 한 김 식힌다.

10 각각 3등분하고 20g을 남긴 다음, 나머지를 반구형틀에 13개로 나누어 넣는다.

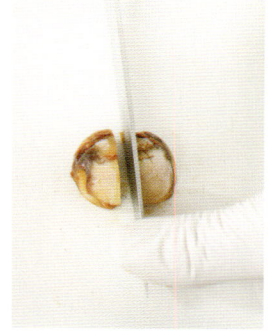

11 냉동실에서 2시간 식혀서 굳힌다. 냉동실에서 꺼내 틀에서 빼낸 다음 반으로 자른다.

memo

- 10에서 남겨둔 20g의 타탱은 p.16 〈타탱 풍미의 크림 파티시에〉를 만들 때 사용한다.
- 냉동실에서 2주 보관할 수 있다.

카르다몸 아이스크림

재 료 20접시 분량(만들기 편한 분량), 1개 사용(1접시)

A 우유 …… 115g
 생크림(유지방 35%) …… 110.5g
 카르다몸(통째로) …… 1알
 바닐라빈 …… 1/6개 분량
 물엿 …… 44g
 그래뉴당 …… 17.8g

B 달걀노른자 …… 45g
 그래뉴당 …… 17.8g
 카르다몸파우더 …… 적당량

만드는 방법

1 냄비에 **A**를 넣고 중불로 가열하여 끓으면 불을 끈다. 랩을 씌워 1시간 뜸을 들인다.

2 볼에 **B**를 잘 섞은 다음, 다시 가열한 1을 조금씩 넣으면서 섞는다.

3 냄비에 옮겨 중불로 82℃까지 저으면서 가열한다.

4 체에 내려 볼에 담고 얼음물 위에 올려 10℃ 이하로 식힌 다음, 카르다몸파우더를 섞는다.

5 아이스크림기계에 넣고 돌리다가 공기가 들어가 하얗게 되고, 칼날에 아이스크림이 달라붙을 정도가 되면 기계를 멈춘다.

memo

- 아이스크림액에 공기가 덜 들어가면 단단해질 수 있으므로 주의한다.
- 플레이팅할 때는 15㎖ 스쿱으로 1개를 떠서 담는다.
- 냉동실에서 2주 보관할 수 있다.

크렘 파티시에

재료 8접시 분량(만들기 편한 분량), 20g 사용

A 생크림(유지방 35%) …… 80g
　우유 …… 140g
　바닐라빈 …… 1/2개 분량
　그래뉴당 …… 23g
　달걀노른자 …… 48g
　트레할로스 …… 20g
　옥수수전분가루 …… 10g

만드는 방법

1 냄비에 **A**를 넣고 센불로 끓여서 불을 끈다. 랩을 씌우고 3시간 그대로 두어 바닐라향이 배게 한다.

2 볼에 달걀노른자와 트레할로스를 골고루 섞은 다음, 옥수수전분가루를 넣고 다시 잘 섞는다.

3 **1**을 다시 가열하여 끓기 직전에 불을 끄고 **1/2**을 **2**에 조금씩 넣으면서 섞는다.

4 남은 **1**에 **3**을 넣고 섞으면서 다시 센불로 가열한다. 끓으면 중불로 줄여서 걸쭉해질 때까지 저으면서 가열한다.

5 체에 내려 볼에 담고 핸드블렌더로 섞어서 유화시킨다. 얼음물 위에 올려 고무주걱으로 계속 저으면서 식힌다.

memo
- 고무주걱으로 계속 저으면서 식히면 표면이 마르지 않아 크림이 한층 매끄러워진다.
- 냉장고에서 2일 보관할 수 있다.

타탱 풍미의 크렘 파티시에

재료 약 13접시 분량(만들기 편한 분량), 3g 사용(1접시)
사과 타탱(p.14 참조) …… 20g
크렘 파티시에(위 참조) …… 20g

만드는 방법

1 볼에 고운체를 올리고 사과 타탱을 으깨면서 내린다.

2 크렘 파티시에를 **1**에 넣고 골고루 섞는다.

memo
- 냉장고에서 2일 보관할 수 있다.

팽 드 젠

재료 30×30㎝ 오븐팬 1판 분량(만들기 편한 분량), 1개 사용(1접시)

- **A** 아몬드파우더 …… 125g
  그래뉴당 …… 72.5g
  그랑마르니에 …… 25g
- **B** 버터 …… 58g
  우유 …… 8g
- **C** 달걀 …… 215g
  그래뉴당 …… 72.5g
- **D** 박력분 …… 72g
  베이킹파우더 …… 2g

만드는 방법

1 믹서볼에 **A**를 넣고 믹서에 비터를 끼워 중속으로 섞는다.

2 볼에 **B**를 넣고 중탕으로 버터를 녹인다.

3 다른 볼에 **C**를 넣고 중탕으로 섞으면서 50℃ 이상이 되도록 데운다.

4 1의 믹서를 돌리면서 3을 몇 번에 나눠 넣고 섞는다.

5 믹서의 비터를 휘퍼로 바꾸고 중속으로 충분히 휘핑한다.

6 **D**를 섞어서 체친 다음 5에 넣고 골고루 섞는다.

7 2에 6을 조금 넣고 섞은 다음 다시 6에 넣어 골고루 섞는다.

8 베이킹시트를 깐 오븐팬에 7을 담고 표면을 평평하게 한다.

9 오븐팬 밑에 오븐팬을 1개 더 겹쳐놓고, 댐퍼를 닫근 170℃ 오븐에서 20~30분 굽는다.

10 오븐에서 꺼내 오븐팬을 빼내고 식힘망 위에 올려 식힌다.

11 지름 2.8㎝ 세르클틀로 동그랗게 찍어낸다.

memo
- 믹서에 가루종류를 한꺼번에 넣으면 덩어리가 생기기 쉬우므로, 반드시 몇 번에 나누어서 넣어야 한다.
- 냉동실에서 3주 보관할 수 있다.

훈제 아몬드

재 료 8접시 분량(만들기 편한 분량), 10g 사용(1접시)
아몬드다이스 …… 50g 버터 …… 2g
A 그래뉴당 …… 30g 훈제용 사과칩 …… 30g
　물 …… 10g

만드는 방법

1 댐퍼를 연 170℃ 오븐에 아몬드다이스를 넣고 골고루 노릇해지도록 10분 정도 굽는다.

2 냄비에 **A**를 넣고 중불로 116℃까지 가열하고 불을 끈다. **1**을 넣은 다음 하얗게 될 때까지 잘 섞는다.

3 다시 중불에 올리고 진한 캐러멜색이 될 때까지 잘 저으면서 가열한다.

4 불을 끄고 버터를 넣어 아몬드가 한 알 한 알 모두 코팅되게 섞는다.

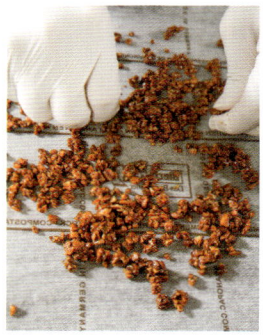

5 베이킹시트를 깐 오븐팬에 **4**를 넓게 펼쳐서 식히고, 손으로 한 알 한 알 분리한다.

6 깊은 냄비 바닥에 알루미늄포일을 깔고 훈제용 사과칩을 올린 다음, 칩 일부에 불을 붙인다.

7 냄비보다 살짝 큰 철망을 올리고 **5**를 펼쳐서 담는다. 알루미늄포일로 철망을 덮고 15분 정도 훈연시킨다.

memo
- 훈제칩에 불을 붙인 다음, 연기만 올라오는 것을 확인하고 훈연시킨다.
- 알루미늄포일을 완전히 덮으면 불이 꺼져서 연기가 나지 않으므로 살짝 틈을 남겨둔다.
- 보관할 때는 건조제와 함께 밀폐용기에 넣어 상온에서 보관한다. 7일 보관할 수 있다.

푀이타주 앵베르세

재 료 지름 2.8cm, 높이 5cm 세르클 틀 30개 분량(만들기 편한 분량), 1개 사용(1접시)

A 박력분 …… 150g　　**C** 소금 …… 10g
　강력분 …… 250g　　　사워크림 …… 50g
　발효버터 …… 130g　　그래뉴당 …… 35g
B 박력분 …… 95g　　　화이트와인식초 …… 3g
　강력분 …… 95g　　　물(얼음물을 걸러낸 것) …… 100g
　발효버터 …… 450g

만드는 방법
p.22~24 〈푀이타주 앵베르세〉를 참조하여 반죽을 만들고 지름 2.8cm 세르클틀로 찍어서 댐퍼를 연 180℃ 오븐에 20분 정도 굽는다.

memo
- 반죽은 냉동실에서 3주(단, 2번 접은 다음 랩을 씌워 보관), 구운 다음에는 상온에서 1일 보관할 수 있다.

농축 소스 등 신선한 사과에 가까운 순수한 풍미부터
사과 타탱 등 구워서 부드럽고 달콤해진 풍미까지
사과의 맛을 풍부하게 즐길 수 있는 디저트이다.
훈제 아몬드로 독특한 고소함을 더하고,
푀이타주와 아이스크림을 곁들여서
다양한 맛을 함께 즐길 수 있다.

kaki, banane et rhum façon mille-feuille
감 바나나 럼주 밀푀유

푀이타주 앵베르세, 럼주 풍미의 크렘 푸에테,
바나나 캐러멜리제, 나뭇잎모양 튀일,
럼주 아이스크림, 크렘 무슬린, 감 소테

플레이팅 디자인

- 캐러멜
- 바나나 캐러멜리제
- 초콜릿 장식
- 감
- 괭이밥
- 나뭇잎모양 튀일
- 감 소테
- 크렘 무슬린
- 럼주 아이스크림
- 럼주 풍미의 크렘 푸에테
- 푀이타주 앵베르세
- 쇼콜라 크럼블

플레이팅의 기술

그릇 평평한 큰 접시(지름 30.5cm)

재 료 1인분

캐러멜(p.124 참조) …… 15g
푀이타주 앵베르세 …… 2개
크렘 무슬린 …… 40g
쇼콜라 크럼블(p.129 참조) …… 5g
럼주 풍미의 크렘 푸에테 …… 15g
감 …… 1/4개
바나나 캐러멜리제 …… 3개
감 소테 …… 20g
럼주 아이스크림 …… 30g
나뭇잎모양 튀일 …… 1장(대), 3장(소)
초콜릿 장식(p.192 참조) …… 3g
괭이밥 …… 적당량

1 스푼으로 캐러멜을 떠서 접시에 선을 그린다.

2 푀이타주 앵베르세 2개를 간격을 두고 올린 다음, 둥근 깍지 짤주머니에 크렘 무슬린을 넣고 푀이타주 앵베르세 사이에 짜 넣는다.

3 쇼콜라 크럼블을 뿌리고, 럼주 풍미의 크렘 푸에테를 작은 스푼으로 럭비공모양(크넬)을 만들어 올린다.

4 감을 세로로 2등분하여 올리고, 바나나 캐러멜리제를 올린다.

5 감 소테를 크렘 푸에테와 감 옆에 놓는다.

6 럼주 아이스크림을 큰 스푼으로 럭비공모양(크넬)을 만들어서 푀이타주 앵베르세 가운데에 올린다.

7 나뭇잎모양 튀일을 여러 방향으로 꽂아 장식한다.

8 초콜릿 장식을 얹고 괭이밥을 군데군데 올린다.

푀이타주 앵베르세

재료 1,000g 분량(굽기 전, 만들기 편한 분량), 2개(약 100g) 사용(1접시)

A 박력분 …… 150g
　강력분 …… 250g
　발효버터 …… 130g
B 박력분 …… 95g
　강력분 …… 95g
　발효버터 …… 450g
C 소금 …… 10g
　사워크림 …… 50g
　그래뉴당 …… 35g
　화이트와인식초 …… 3g
　물(얼음물을 걸러낸 것) …… 100g

준비

1 A의 밀가루를 볼에 체쳐서 담고, 버터를 1㎝ 깍둑썰기로 잘라 넣은 다음, 냉동실에서 30분 식힌다. ⓐ

2 B의 밀가루를 다른 볼에 체쳐서 담고, 버터를 1㎝ 깍둑썰기로 잘라 넣은 다음, 냉장고에서 1시간 식힌다. ⓑ

3 C를 또 다른 볼에 넣고 골고루 섞어서 페이스트상태가 되면 물을 섞는다. 냉장고에서 30분 식힌다. ⓒ

반죽

1 푸드프로세서에 ⓐ를 넣고 버터가 작아질 때까지 고속으로 돌리고 멈추기를 반복한다.

2 1에 ⓒ를 넣고 한 덩어리가 될 때까지 고속으로 돌리고 멈추기를 반복한다.

3 15×15㎝ 정도의 평평한 정사각형으로 만들어 랩으로 감싸고, 냉장고에 하루 그대로 둔다.

4 푸드프로세서에 ⓑ를 넣고 한 덩어리가 될 때까지 고속으로 돌린다.

5 20×20㎝ 정도의 평평한 정사각형으로 만들어 랩으로 감싸고, 냉장고에 하루 그대로 둔다.

6 덧가루(분량 외)를 뿌린 작업대에 5의 반죽을 올리고, 균일한 힘으로 밀대를 밀어서 4개의 모서리를 서서히 늘린다.

7 계속 밀어서 두께 1~1.5㎝, 25×25㎝의 정사각형으로 성형한다.

8 3의 반죽을 7 위에 사진처럼 놓는다.

9 4개의 모서리를 중심으로 접고 이음매를 단단히 붙인다.

10 이음매를 바닥으로 놓고 밀대로 살짝 눌러서 1.5cm 두께로 민 다음, 랩으로 감싸고 냉장고에서 30분 휴지시킨다.

11 냉장고에서 꺼내 덧가루(분량 외)를 뿌린 작업대 위에 올리고, 반죽이 갈라지지 않도록 4개의 옆면을 손바닥으로 누른다.

12 밀대로 위에서 조금씩 눌러 안에 넣은 반죽이 골고루 늘어나게 한다.

13 계속해서 밀대를 가운데에서부터 위아래로 밀어서 18×54cm 직사각형으로 늘린다.

14 상하좌우가 직선이 되게 스크레이퍼로 정리하고 1.5cm 두께로 민다.

15 양쪽 짧은 변을 1.5cm씩 칼로 잘라내고, 표면의 덧가루를 솔로 털어낸 다음 3절접기를 한다.

16 스크레이퍼로 모양을 다듬고, 밀대를 상하좌우로 조금씩 밀어 반죽을 서로 밀착시킨다. 랩으로 감싸 냉장고에서 1시간 휴지시킨다.

17 냉장고에서 꺼내 덧가루(분량 외)를 뿌린 작업대에 둥글게 접힌 부분이 왼쪽을 향하게 놓고, 11~14 과정을 반복하여 1cm 두께로 민다.

18 양쪽 짧은 변을 1.5cm씩 칼로 잘라내고, 표면의 덧가루를 솔로 털어낸 다음 3절접기를 한다.

19 스크레이퍼로 모양을 다듬고, 밀대를 상하좌우로 조금씩 밀어 반죽을 서로 밀착시킨다. 랩으로 감싸 냉장고에서 1시간 휴지시킨다.

20 냉장고에서 꺼내 덧가루(분량 외)를 뿌린 작업대에 둥글게 접힌 부분이 왼쪽을 향하게 놓고, **11~14** 과정을 반복하여 8mm 두께로 민다.

21 양쪽 짧은 변을 1.5cm씩 칼로 잘라내고, 표면의 덧가루를 솔로 털어낸 다음 3절접기를 한다.

22 스크레이퍼로 모양을 다듬고, 밀대를 상하좌우로 조금씩 밀어 반죽을 서로 밀착시킨다. 랩으로 감싸 냉장고에서 1시간 휴지시킨다.

23 냉장고에서 꺼내 반죽을 2등분한다.

24 밀대를 상하좌우로 균일하게 밀어서 4mm 두께로 만들고, 베이킹시트를 깐 오븐팬에 올려 냉장고에서 30분 휴지시킨다.

25 냉장고에서 꺼내 덧가루(분량 외)를 뿌린 작업대에 올리고, 손으로 반죽을 살짝 펴준다.

   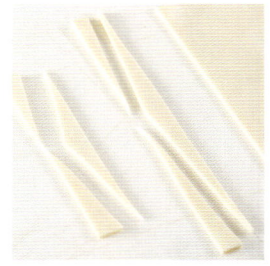

26 밀대로 30×30cm, 두께 3mm 정도로 민 다음, 스크레이퍼로 모양을 다듬어 랩을 씌우고 냉장고에서 30분 휴지시킨다.

27 냉장고에서 꺼내 베이킹시트 위에 올리고 손으로 반죽을 살짝 펴준다. 랩을 씌우고 냉장고에서 1시간 휴지시킨다.

28 냉장고에서 꺼내 반죽 가장자리를 조금 잘라낸 다음, 2cm 폭으로 직사각형 2개를 잘라 1개는 길이 20cm로 자른다.

29 각각의 직사각형을 산모양으로 자른다. ⓓ

굽기

1 지름 15cm, 16cm 세르클틀 2개를 준비하고, 15cm 틀 바깥에 버터(분량 외)를 바른 다음 베이킹시트를 붙인다.

2 지름 15cm 세르클틀에 ⓓ의 반죽을 1바퀴 둘러서 붙인다.

3 지름 16cm 세르클틀을 **2**에 씌우고 남은 반죽도 같은 방법으로 붙인다. 댐퍼를 연 180°C 오븐에서 20분 정도 굽는다.

memo
- 반죽을 접을 때는 반죽 사이에 공기가 들어가지 않게 한다.
- 2개의 세르클틀 높이는 3cm 이상이어야 한다. (사진은 높이 5cm)
- 반죽은 냉동실에서 3주(단, 2번 접어서 랩을 씌워 보관), 구운 다음에는 상온에서 1일 보관할 수 있다.

럼주 풍미의 크렘 푸에테

재료 10접시 분량(만들기 편한 분량), 15g 사용(1접시)
생크림(유지방 35%) …… 130g
럼주 …… 13g

만드는 방법
볼에 생크림을 넣고 90% 휘핑한 다음 럼주를 넣고 섞는다.

memo
- 냉장고에서 2일 보관할 수 있다.

바나나 캐러멜리제

재료 1접시 분량, 3개 사용(1접시)
바나나(1cm 두께, 둥글게 썰기) …… 3개
베르주아즈(첨채당) …… 적당량

만드는 방법
바나나를 오븐팬에 올리고 표면에 베르주아즈를 뿌린 다음 토치로 그슬린다.

memo
- 냉장고에서 1일 보관할 수 있다.

나뭇잎모양 튀일

재료 15장 분량(만들기 편한 분량), 1장(대) 3장(소) 사용(1접시)

A 고구마(굵게 자른 것) …… 63g
　우유 …… 20g

우유 …… 26g
슈거파우더 …… 10g
박력분 …… 5g
시나몬파우더 …… 적당량
초콜릿색소(오렌지색) …… 적당량

만드는 방법

1 내열볼에 **A**를 넣고 고구마가 부드러워질 때까지 500W 전자레인지에서 3분 정도 가열한 다음, 고운체에 내려 볼에 담는다.

2 **1**을 60g만 볼에 남겨서 우유를 넣고 섞는다. 슈거파우더, 박력분, 시나몬파우더를 순서대로 체쳐서 넣고 섞는다.

3 실리콘 베이킹시트에 크고 작은 잎모양틀을 올리고 팔레트나이프로 **2**를 넓게 펴서 바른 다음 틀을 떼어낸다.

4 오븐팬 위에 올리고 댐퍼를 연 160℃ 오븐에서 10분 정도 노릇하게 굽는다.

5 구워지면 바로 시트에서 떼어내 살짝 구부린다.

6 초콜릿색소를 넣은 에어브러시로 **5**에 뿌린다.

memo

- 잎모양틀은 플라스틱시트 가운데를 작은 잎모양으로 도려내서 만든다.
- 보관할 때는 건조제와 함께 밀폐용기에 넣어 상온에서 보관한다. 4일 보관할 수 있다.

럼주 아이스크림

재료 15접시 분량(만들기 편한 분량), 30g 사용(1접시)

A 우유 …… 157g
　생크림(유지방 35%) …… 152g
　물엿 …… 21g
　바닐라빈 …… 1/3개 분량
B 그래뉴당 …… 24g
　베르주아즈(첨채당) …… 24g
　달걀노른자 …… 53g
럼주 …… 10g

만드는 방법

1 냄비에 **A**를 넣고 중불로 가열한다. 끓으면 랩을 씌우고 냉장고에서 1시간 휴지시킨다.

2 볼에 **B**를 넣고 골고루 섞은 다음, 다시 가열한 **1**을 조금씩 넣으면서 섞는다.

3 냄비에 옮겨 담고 약불~중불로 82℃가 될 때까지 저으면서 가열한다.

4 체에 내려 볼에 담고, 얼음물 위에 올려서 10℃ 이하로 식힌다. 럼주를 넣어 섞는다.

5 아이스크림기계에 넣고 돌리다가 공기가 들어가 하얗게 되고, 칼날에 아이스크림이 달라붙을 정도가 되면 기계를 멈춘다.

memo
- 아이스크림액에 공기가 덜 들어가면 단단해질 수 있으므로 주의한다.
- 냉동실에서 2주 보관할 수 있다.

크렘 무슬린

재료 10접시 분량(만들기 편한 분량), 40g 사용(1접시)
버터······50g
크림치즈······40g
크렘 파티시에(p.16 참조)······150g
럼주······5g

만드는 방법

1 상온에서 부드러워진 버터를 볼에 넣고 크림상태가 되도록 풀어준 다음, 크림치즈를 섞는다.

2 크렘 파티시에가 덩어리지지 않게 조금씩 넣으면서 부드러워질 때까지 섞는다.

3 럼주를 넣고 살짝 섞는다.

memo
• 냉장고에서 1일 보관할 수 있다.

감 소테

재료 5접시 분량(만들기 편한 분량), 20g 사용(1접시)
그래뉴당······30g
버터······10g
감(적당히 단단한 것, 1cm 깍둑썰기)······100g
럼주······3g
시나몬파우더······적당량

memo
• 냉장고에서 1일 보관할 수 있다.

만드는 방법

1 냄비에 그래뉴당을 넣고 중불로 가열하여 짙은 색 캐러멜을 만든다.

2 불을 끄고 버터를 넣어 가볍게 섞는다.

3 다시 중불에 올려 감을 넣고 섞으면서 가열한다.

4 불에서 내려 럼주와 시나몬파우더를 넣고 맛을 낸다.

TECHNIQUE DE BASE

기초테크닉
1

생크림 거품내기

이 책의 레시피에서는 70%, 80%, 90%로 휘핑한 생크림이 나온다.
모두 거품기로 휘핑하는데 거품을 낸 정도에 따라 완성된 크림, 소스, 반죽에
차이가 생기므로 각각의 기준을 소개한다.

70%
낮은 산모양 정도

80%
살짝 뿔이 서는 정도

90%
뿔이 뾰족하게 서는 정도

여기서 '밀푀유'란 겹겹이 놓은 푀이타주와 크림의 맛을 즐길 수 있다는 의미.
'아시에트 데세르(Assiette desserts, 플레이팅 디저트)'답게 변화시킨 디저트이다.
푀이타주 2개를 나란히 접시에 올리고 그 위에 밀푀유처럼 겹쳐서 펼친
가을의 맛을 풍성하면서도 샤프하게 완성하였다.

Soufflé au fromage et fruits rouges, parfumé au thym

타임향 수플레 프로마주와 프뤼이 루즈

수플레 프로마주, 타임 풍미의 치즈크림,
살구 오렌지 콩피튀르, 프뤼이 루즈와 타임 아이스크림,
그리오트 콩포트, 코코넛 아이스크림, 레몬 크림,
프로마주 크뤼, 바닐라 크럼블, 그리오트 크림, 머랭,
크랜베리 설탕절임, 민트 설탕가루

플레이팅 디자인

타임
슈거파우더를 뿌린 프랑부아즈
그리오트 크림
머랭
바닐라 크럼블
그리오트 콩포트
크랜베리 설탕절임
레몬 크림

수플레 프로마주 아래에는 프로마주 크뤼, 살구 오렌지 콩피튀르
식용국화
민트 설탕가루를 묻힌 프뤼이 루즈와 타임 아이스크림
타임 풍미의 치즈크림
코코넛 아이스크림
블루베리

플레이팅의 기술

그릇 평평한 큰 접시(지름 30.5㎝)

재료 1인분

그리오트 크림 …… 8g
타임 풍미의 치즈크림 …… 30g
바닐라 크럼블 …… 10g
크랜베리 설탕절임 …… 10g
프로마주 크뤼 …… 20g
그리오트 콩포트 …… 2알
블루베리 …… 3알

살구 오렌지 콩피튀르 …… 10g
수플레 프로마주 …… 1개
레몬 크림 …… 10g
민트 설탕가루 …… 3g
A 프뤼이 루즈와 타임 아이스크림 …… 2개
B 코코넛 아이스크림 …… 30g

프랑부아즈 …… 2개
식용국화(꽃잎) …… 2장
머랭 …… 2개
타임 …… 적당량
슈거파우더 …… 적당량

1 접시에 그리오트 크림으로 선을 긋고, 둥근 깍지 짤주머니에 타임 풍미의 치즈크림을 넣어 짜놓는다.

2 바닐라 크럼블과 크랜베리 설탕절임을 뿌린다.

3 럭비공모양(크넬)의 프로마주 크뤼 2개를 올린다.

4 그리오트 콩포트와 블루베리를 올리고, 살구 오렌지 콩피튀르를 프로마주 크뤼 위에 올린다.

5 수플레 프로마주를 가운데에 올리고, 레몬 크림을 짤주머니에 넣어 접시에 점모양으로 짠다.

6 **A**의 아이스크림을 15㎖ 스쿱으로 2개를 떠서 민트 설탕가루를 묻힌 다음 올린다. **B**의 아이스크림을 올린다.

7 슈거파우더를 위에 뿌린 프랑부아즈를 올리고 타임, 국화꽃잎, 머랭으로 장식한다.

memo
• 아이스크림은 접시에 직접 올리면 녹기 쉬우므로, 크럼블 위에 올린다.

수플레 프로마주

재 료 지름 5.5㎝, 높이 5㎝ 세르클틀 10개 분량(만들기 편한 분량), 1개 사용(1접시)

달걀흰자······ 54.5g	생크림(유지방 35%)······ 35g	그래뉴당······ 17.5g
레몬즙······ 2.3g	**A** 달걀노른자······ 18g	트레할로스······ 18g
크림치즈······ 62.5g	그래뉴당······ 5g	
체다치즈······ 10g	옥수수전분가루······ 7g	
우유······ 35g		

준비

1 믹서볼에 달걀흰자, 레몬즙을 넣고 냉장고에서 10~15분 차갑게 식힌다. ⓐ

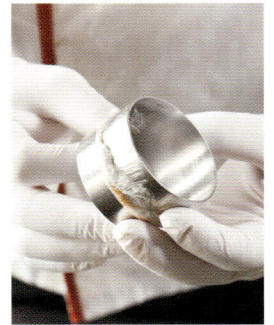

2 지름 5.5㎝ 세르클틀 바닥을 랩으로 감싼 다음, 고무줄로 단단히 고정시킨다. ⓑ

만드는 방법

1 볼에 크림치즈와 체다치즈를 넣고 중탕으로 녹인다.

2 냄비에 우유, 생크림을 넣고 중불로 가열한 다음, 볼에 골고루 섞어둔 **A**에 조금씩 넣으면서 섞다가 다시 냄비에 옮겨 담는다.

3 고무주걱으로 계속 저으면서 중불로 가열한다.

4 1에 3을 넣고 치즈 덩어리가 없어질 때까지 핸드블렌더로 섞고, 다시 고무주걱으로 섞는다.

5 냉장고에서 ⓐ를 꺼내 그래뉴당, 트레할로스를 넣고 믹서(고속)로 충분히 휘핑한다.

6 4에 5의 1/3을 넣어 충분히 섞은 다음, 나머지를 넣고 반죽이 리본모양보다 조금 더 부드럽게 흘러내릴 때까지 잘 섞는다.

7 오븐팬에 ⓑ를 일정 간격으로 올린 다음, 6을 짤주머니에 넣고 세르클틀 1.5㎝ 높이까지 짠다. 표면을 평평하게 다듬는다.

8 오븐팬에 뜨거운 물(분량 외)을 넣고 댐퍼를 연 130℃ 오븐에서 중탕으로 30분 굽는다.

9 구워지면 꺼내서 랩을 싼 채로 냉장고에서 1시간 식힌다.

memo
- 믹서는 휘퍼를 끼워서 사용한다.
- 중탕으로 구울 때 뜨거운 물이 세르클틀 안으로 들어가지 않게, 고무줄 높이보다 낮게 물을 붓는다. 중간에 뜨거운 물이 부족해지면 보충한다.
- 냉동실에서 2주 보관할 수 있다.

타임 풍미의 치즈크림

재료 8접시 분량(만들기 편한 분량), 30g 사용(1접시)

크림치즈 …… 58g	그래뉴당 …… 23g	달걀 …… 1개
카망베르치즈 …… 13g	트레할로스 …… 17g	레몬즙 …… 2.3g
우유 …… 38g	바닐라빈 …… 1/6개 분량	타임파우더 …… 적당량
생크림(유지방 35%) …… 41g	옥수수전분가루 …… 6g	

만드는 방법

1 볼에 크림치즈와 카망베르치즈를 넣고 중탕으로 부드럽게 만든다.

2 냄비에 우유 2/3, 생크림, 그래뉴당 2/3, 트레할로스, 바닐라빈을 넣고 중불로 가열한다.

3 다른 볼에 남은 그래뉴당과 옥수수전분가루를 넣어 섞고, 남은 우유로 녹여서 **2**에 넣고 중불로 가열한다.

4 **1**을 고무주걱으로 으깨고 **3**을 넣어, 치즈 덩어리가 없어질 때까지 핸드블렌더로 섞는다.

5 달걀, 레몬즙, 타임파우더를 넣고 핸드블렌더로 섞은 다음, 시누아로 걸러서 깊은 트레이에 담는다.

6 오븐팬에 **5**를 올리고 뜨거운 물(분량 외)을 팬에 부은 다음, 댐퍼를 연 130℃ 오븐에서 30분 정도 중탕으로 굽는다.

7 볼에 옮겨 담아 얼음물 위에 올리고, 핸드블렌더로 부드러운 크림상태가 되게 섞는다.

memo
- 타임파우더는 향이 날 정도로 넣는다.
- 카망베르치즈는 하얀 곰팡이가 부분적으로 남아 있을 수 있으므로, **5**에서 시누아로 걸러서 제거한다.
- 중탕으로 굽는 중간에 뜨거운 물이 부족해지면 보충한다.
- 냉장고에서 3일 보관할 수 있다.

살구 오렌지 콩피튀르

재료 12접시 분량(만들기 편한 분량), 10g 사용(1접시)

살구(반건조, 3mm 깍둑썰기) …… 30g
오렌지(1cm 깍둑썰기) …… 50g
삼온당 …… 30g
아니스파우더 …… 적당량

만드는 방법

냄비에 아니스파우더 이외의 재료를 넣고 약불로 약간 걸쭉하게 끓인다. 아니스파우더로 맛을 조절한다.

memo
- 불이 너무 세면 수분이 먼저 증발해서 단단해지므로 약불로 끓인다.
- 냉장고에서 7일 보관할 수 있다.

프뤼이 루즈와 타임 아이스크림

재료 20접시 분량(만들기 편한 분량), 2개 사용(1접시)

우유 …… 160g
생크림(유지방 35%) …… 40g
그래뉴당 …… 46g
물엿 …… 12g
타임 …… 2g

A 딸기 퓌레 …… 200g
프랑부아즈 퓌레 …… 60g
체리 퓌레 …… 40g

B 레몬즙 …… 4g
크렘 드 프랑부아즈 …… 10g

프랑부아즈(냉동, 굵게 다진 것)
…… 40g
블루베리(2등분) …… 12g

준비

1 냄비에 우유, 생크림, 그래뉴당을 넣고 섞으면서 중불로 끓기 직전까지 가열한다.

2 물엿을 넣고 녹인 다음 타임을 넣는다. 랩을 씌워 하루 뜸을 들인다. ⓐ

만드는 방법

1 ⓐ를 다시 끓여 시누아로 거르고 주걱으로 눌러 짜서 볼에 담는다.

2 다른 볼에 잘게 으깬 **A**를 넣고 **B**를 섞는다. 1을 넣고 핸드블렌더로 섞은 다음 얼음물 위에 올려 10℃ 이하로 식힌다.

3 아이스크림기계에 넣고 돌리다가 공기가 들어가 하얗게 되면 프랑부아즈, 블루베리를 넣는다.

4 칼날에 아이스크림이 달라붙을 정도가 되면 기계를 멈춘다.

memo

- 아이스크림액에 공기가 덜 들어가면 단단해질 수 있으므로 주의한다.
- 플레이팅할 때는 15㎖ 스쿱으로 2개를 떠서 담는다.
- 냉동실에서 2주 보관할 수 있다.

그리오트 콩포트

재 료 10접시 분량(만들기 편한 분량), 2알 사용(1접시)
그리오트(냉동, 통째로) …… 50g   레몬껍질(간 것) …… 1.8g
그래뉴당 …… 25g   타임파우더 …… 0.3g
체리 퓨레 …… 12.5g

만드는 방법

1 냄비에 타임파우더 이외의 재료를 넣고, 중불에서 그리오트가 뭉개지지 않을 정도로 끓인다.

2 타임파우더를 넣고 섞는다.

memo
- 끓일 때 생긴 시럽은 그리오트 크림(p.38)을 만들 때 사용한다.
- 냉장고에서 3일 보관할 수 있다.

코코넛 아이스크림

재 료 20접시 분량(만들기 편한 분량), 30g 사용(1접시)
무지방우유 …… 500g   그래뉴당 …… 70g
코코넛파인 …… 100g   코코넛 리큐어 …… 12.5g

준비

내열볼에 무지방우유를 넣고 500W 전자레인지에서 5분 가열한 다음, 코코넛파인을 넣고 랩을 씌워 냉장고에 하루 그대로 둔다. ⓐ

만드는 방법

1 ⓐ를 시누아로 걸러서 볼에 담고, 다시 코코넛파인을 손으로 눌러서 짠다. 그래뉴당, 코코넛 리큐어를 넣어 섞는다.

2 아이스크림기계에 넣고 돌리다가 공기가 들어가 하얗게 되고, 칼날에 아이스크림이 달라붙을 정도가 되면 기계를 멈춘다.

memo
- 무지방우유는 타기 쉬우므로 냄비에 데울 경우에는 계속 저어야 한다.
- 아이스크림기계에 넣기 전에 아이스크림액의 온도가 10℃ 이상이라면, 얼음물 위에 올려서 10℃ 이하로 식힌다.
- 아이스크림액에 공기가 덜 들어가면 단단해질 수 있으므로 주의한다.
- 냉동실에서 2주 보관할 수 있다.

레몬 크림

재료 20접시 분량(만들기 편한 분량), 10g 사용(1접시)
레몬즙 …… 35g
오렌지 퓌레 …… 25g
달걀노른자 …… 13g
그래뉴당 …… 10g
쇼콜라 블랑(카카오 36%) …… 35g
생크림(유지방 35%, 70% 휘핑) …… 15g

memo
- 생크림을 섞지 않은 크림은 냉동실에서 2주, 생크림을 섞은 크림은 냉장실에서 1일 보관할 수 있다.

만드는 방법

1 냄비에 레몬즙과 오렌지 퓌레를 넣고 중불로 가열한다.

2 볼에 달걀노른자와 그래뉴당을 넣고 골고루 섞은 다음, 1을 먼저 조금 넣고 섞는다.

3 1의 냄비에 2를 넣고 중불로 섞으면서 81℃까지 가열하고 불을 끈다.

4 체에 내려서 볼에 담고 쇼콜라 블랑을 넣어 핸드블렌더로 섞는다. 얼음물 위에 올려 식히고 생크림을 섞는다.

프로마주 크뤼

재료 8접시 분량(만들기 편한 분량), 20g 사용(1접시)
크림치즈 …… 55g   키르슈 …… 2g
사워크림 …… 15g   생크림(유지방 35%) …… 75g
그래뉴당 …… 12g   레몬즙 …… 2g

만드는 방법 (사진량=재료의 2배)

1 볼에 크림치즈, 사워크림, 그래뉴당, 키르슈를 넣고 부드러워질 때까지 섞는다.

2 생크림을 조금씩 넣으면서 덩어리가 생기지 않게 섞는다.

3 뿔이 설 정도로 휘핑한 다음 레몬즙을 섞는다.

memo
- 크림치즈는 열을 가하면 풀어져서 단단한 거품을 만들기 어려우므로, 따뜻한 곳에서 작업하지 않고 빠르게 휘핑한다.
- 레몬즙의 산은 응고작용이 있으므로 넣은 다음에는 지나치게 많이 섞지 않는다. 또한, 산과 반응하면 금속맛이 날 수 있으므로 가능한 한 플라스틱 볼을 사용하는 것이 좋다.
- 냉장고에서 1일 보관할 수 있다.

바닐라 크럼블

재료 20접시 분량(만들기 편한 분량), 10g 사용(1접시)

A 버터 …… 55g
　발효버터 …… 55g
　소금 …… 0.4g
　바닐라빈 …… 1/2개 분량
그래뉴당 …… 67g

달걀 …… 6g
B 박력분 …… 100g
　강력분 …… 75g
카카오버터 …… 구운 후 반죽의 1/3 분량

준비

1 믹서볼에 **A**를 넣고 믹서(저속)로 부드러워질 때까지 섞은 다음, 그래뉴당을 섞는다.

2 달걀을 조금씩 넣고 섞으면서 유화시킨다. **B**를 체쳐서 넣고 가루 느낌이 없어질 때까지 섞는다. 냉장고에서 하룻밤 휴지시킨다.

만드는 방법

1 냉장고에서 꺼내 굵은 체에 올리고 손으로 눌러서 내려 오븐팬에 넓게 편다.

2 댐퍼를 연 160℃ 오븐에서 10분 정도 구운 다음 꺼내서 풀어준다. 다시 5분 정도 노릇노릇해지게 굽는다.

3 카카오버터를 500W 전자레인지에 1분씩 몇 번 가열하여 녹인 다음 **2**를 섞는다.

4 베이킹시트를 깐 오븐팬에 **3**을 넓게 펼치고 냉장고에서 1시간 식혀서 굳힌다.

memo
- 믹서는 비터를 끼워서 사용한다.
- 카카오버터를 묻히면 유분 막이 생겨서 나중에 식어도 반죽이 눅눅해지지 않는다.
- 굽기 전 반죽은 냉동실에서 3주, 구운 후 반죽은 건조제와 함께 밀폐 용기에 넣어 상온에서 7일 보관할 수 있다.

그리오트 크림

재료 5접시 분량(만들기 편한 분량), 8g 사용(1접시)
그리오트 콩포트 시럽……15g
마스카르포네 치즈……30g
크렘 드 프랑부아즈……2.5g

만드는 방법
볼에 모든 재료를 넣고 섞는다.

memo
- 그리오트 콩포트 시럽은 p.35 〈그리오트 콩포트〉를 만들 때 생긴 것을 사용한다.
- 냉장고에서 2일 보관할 수 있다.

머랭

재료 80개 분량(만들기 편한 분량), 2개 사용(1접시)
달걀흰자……65g
레몬즙……3g
그래뉴당……24g
트레할로스……24g
옥수수전분가루……6g

만드는 방법

1 믹서볼에 옥수수전분가루 이외의 재료를 넣고 섞으면서 중탕으로 70℃까지 데운다.

2 믹서(고속)로 뿔이 설 정도로 거품을 낸다.

3 옥수수전분가루를 넣고 고무주걱으로 골고루 섞는다.

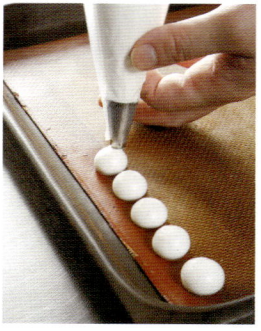

4 작은 둥근 깍지 짤주머니에 **3**을 넣고, 실리콘베이킹시트를 깐 오븐팬에 동그랗게 짠다.

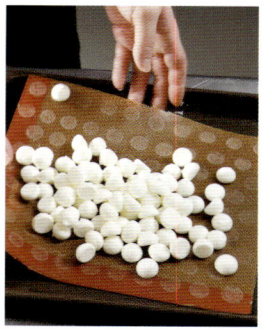

5 100℃ 오븐에서 2시간 정도 구워서 말린 다음, 시트에서 떼어낸다.

memo
- 믹서는 휘퍼를 끼워서 사용한다.
- 보관할 때는 건조제와 함께 밀폐용기에 넣어 상온에서 보관한다. 7일 보관할 수 있다.

크랜베리 설탕절임

재료 15접시 분량(만들기 편한 분량), 10g 사용(1접시)
물 ······ 12.5g
그래뉴당 ······ 50g
크랜베리(말린 것, 5mm 깍둑썰기) ······ 50g

만드는 방법 (사진량 = 재료의 2배)

1 냄비에 물과 그래뉴당을 넣고 중불로 118℃까지 가열하여 졸인다.

2 불에서 내려 크랜베리를 넣고, 전체적으로 하얀 결정이 생길 때까지 나무주걱으로 잘 섞는다.

3 베이킹시트 위에 한 알 한 알 분리해서 펼쳐놓고 식힌다.

memo
• 보관할 때는 건조제와 함께 밀폐용기에 넣어 상온에서 보관한다. 2주 보관할 수 있다.

민트 설탕가루

재료 17접시 분량(만들기 편한 분량), 3g 사용(1접시)
달걀흰자 ······ 1.5g
스피어민트 ······ 3g
그래뉴당 ······ 33g

만드는 방법 (사진량 = 재료의 3배)

1 볼에 달걀흰자를 풀고 줄기를 뗀 민트잎을 넣어 버무린다. 민트 앞뒷면에 달걀흰자를 골고루 묻힌다.

2 그래뉴당을 넣어 민트 앞뒷면에 골고루 묻힌다.

3 베이킹시트를 깐 오븐팬에 펼쳐놓고 습도가 낮은 서늘한 곳에 둔다. 중간에 뒤집어주면서 2일 동안 건조시킨다. ⓐ

4 푸드프로세서에 ⓐ를 넣고 고속으로 굵게 간다.

memo
• 보관할 때는 건조제와 함께 밀폐용기에 넣어 상온에서 보관한다. 2주 보관할 수 있다.

TECHNIQUE DE BASE

기초테크닉
2

크넬(럭비공모양) 만들기

크넬이란, 스푼을 이용하여 크림이나 아이스크림 등을
럭비공모양으로 만드는 것이다. 깊이가 깊은 스푼이 모양 만들기에 좋다.
크고 작은 스푼이 사이즈 별로 있으면 편리하다.

1 컵과 같은 용기에 뜨거운 물을 준비하여 스푼을 담가 따뜻하게 만든다.

2 볼의 가장자리쪽으로 크림 등을 담는다.

3 볼 바닥에서 가장자리를 향해 한 번에 떠 올린다.

4 바로 접시 위 놓고 싶은 위치에 올린다.

딸기, 프랑부아즈, 블루베리 등 붉은 과일의 신맛과
프로마주의 부드러움, 적당한 짠맛을 조합하였다.
수플레, 아이스크림, 콩포트, 크림 등 서로 잘 어울리도록
각각 여러 가지 구성요소로 조합하였으며,
타임을 얹어 전체적으로 통일감을 주었다.

Composition à la poire, Earl Grey et olive
서양배 얼그레이 올리브 콩포지시옹

얼그레이 크렘 브륄레, 서양배 소르베,
서양배 바닐라 올리브 콩피튀르,
서양배 콩포트, 서양배 무스,
꿀 올리브오일 소스

플레이팅 디자인

배
아래는 위부터 순서대로
서양배 소르베,
서양배 바닐라 올리브 콩피튀르,
생크림

바이올렛

꿀 올리브오일 소스

얼그레이
크렘 브륄레

서양배 무스

처빌

플레이팅의 기술

그릇 평평한 큰 접시(지름 30.5㎝)

재료 1인분

꿀 올리브오일 소스 …… 5g
얼그레이 크렘 브륄레 …… 3/4개 분량
서양배 무스 …… 1개 분량
생크림(유지방 35%, 90% 휘핑) …… 20g
서양배 바닐라 올리브 콩피튀르 …… 10g
서양배 소르베 …… 4개
배 …… 1/4개
바이올렛 …… 적당량
처빌 …… 적당량

1 꿀과 올리브오일 소스를 스푼으로 떠서 접시 위에 선으로 무늬를 그린다.

2 얼그레이 크렘 브륄레와 서양배 무스를 교대로 놓는다.

3 생크림은 작은 스푼으로 럭비공모양(크넬)을 만들어서 2 위에 올린다.

4 서양배 바닐라 올리브 콩피튀르를 올린다.

5 서양배 소르베를 얹는다. 그 위에 껍질을 벗기고 필러로 얇게 슬라이스하여 동그랗게 만 배과육을 올린다.

6 바이올렛과 처빌을 장식한다.

얼그레이 크렘 브륄레

재료 지름 5.5cm, 높이 5cm 세르클틀 9개 분량(만들기 편한 분량), 3/4개 사용(1접시)
우유 …… 90g
생크림(유지방 35%) …… 90g
얼그레이 …… 4g
달걀노른자 …… 55g
그래뉴당 …… 40g
판젤라틴 …… 2g

만드는 방법

1 냄비에 우유와 생크림을 넣고 중불로 끓인 다음 불에서 내려 얼그레이를 섞는다. 랩을 씌워 5분 뜸을 들인다.

2 다른 냄비에 시누아로 걸러 눌러 짠 다음 중불로 끓인다.

3 볼에 달걀노른자와 그래뉴당을 넣고 섞다가 **2**를 조금씩 넣으면서 섞는다.

4 **3**을 다시 냄비에 옮겨 중불에 올리고, 저으면서 82℃가 될 때까지 가열한다.

5 체에 걸러서 볼에 담고, 얼음물(분량 외)에 불린 판젤라틴을 넣어 녹인다.

6 얼음물 위에 올리고 저으면서 식힌다.

7 지름 5.5㎝ 세르클틀 바닥을 랩으로 감싸 고무줄로 고정시키고, 오븐팬 위에 일정 간격으로 올린다. 약 1㎝ 높이까지 **6**을 붓는다.

8 오븐팬 전체에 랩을 씌우고 다른 오븐팬을 그 위에 덮는다. 스팀기능이 있는 100℃ 오븐에서 8~10분 굽는다.

9 오븐에서 꺼내 위에 덮은 오븐팬과 랩을 벗기고 한 김 식힌다.

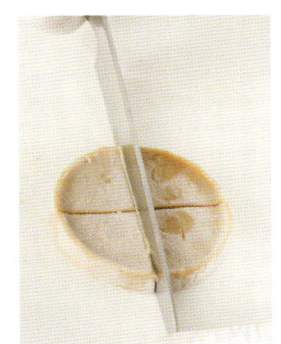

10 틀과 랩을 벗겨서 OPP시트를 깐 트레이에 올리고, 냉장고에서 3시간 이상 식혀서 굳힌다.

11 4등분한다.

memo
- 흔들어도 내용물이 흔들리지 않을 정도로 단단해지면 굽기가 완성된 것이다.
- 냉동실에서 7일 보관할 수 있다.

서양배 소르베

재료 15접시 분량(만들기 편한 분량), 4개 사용(1접시)

서양배(큰 것) …… 1/2개
레몬즙 …… 7.5g
A 그래뉴당 …… 50g
　　물 …… 135g

B 서양배 퓌레 …… 50g
　　레몬즙 …… 7g
　　사과 리큐어 …… 18g

만드는 방법

1 서양배는 껍질을 벗기고 심을 제거하여 1㎝ 깍둑썰기를 한다.

2 냄비에 **1**과 레몬즙을 넣고 뚜껑을 덮어 약불로 투명하고 부드러워질 때까지 가열한다.

3 불에서 내려 한 김 식힌 다음 얼음물 위에 올려서 식힌다.

4 다른 냄비에 **A**를 넣고 중불로 가열한다. 끓으면 그대로 3분 더 가열한 다음 볼에 옮기고, 얼음물 위에 올려 저으면서 식힌다.

5 **4**에 **3**과 **B**를 섞은 다음 다시 얼음물 위에 올려 10℃ 이하로 식힌다.

6 아이스크림기계에 넣고 돌리다가 공기가 들어가 하얗게 되고, 칼날에 아이스크림이 달라붙을 정도가 되면 기계를 멈춘다.

7 OPP시트를 깐 작업대에 **6**을 올리고 그 위에 시트를 1장 덮어 약 1㎝ 두께가 되게 밀대로 민다.

8 냉동실에서 2시간 얼리고 꺼내서 1㎝ 깍둑썰기를 한다.

memo

- 소르베액에 공기가 덜 들어가면 단단해지므로 주의한다.
- 1㎝ 굵기의 사각막대를 양옆에 놓고 밀면 쉽게 균일한 두께로 밀 수 있다.
- 냉동실에서 2주 보관할 수 있다.

서양배 바닐라 올리브 콩피튀르

재료 8접시 분량(만들기 편한 분량), 10g 사용(1접시)
서양배 …… 100g
그린올리브(짜지 않은 것) …… 20g
그래뉴당 …… 30g
바닐라빈 …… 1/2개 분량

만드는 방법

1 서양배는 껍질을 벗겨 반으로 자르고 심을 제거한 다음 1.5cm 깍둑썰기를 하고, 올리브는 5mm 깍둑썰기를 한다.

2 냄비에 **1**의 서양배, 그래뉴당, 바닐라빈을 넣고 걸쭉해질 때까지(Brix 42%) 중불로 가열한다.

3 불에서 내려 **1**의 올리브를 넣고 섞는다.

memo
- 서양배는 중간에 거품을 걷어내면서 가열한다.
- 올리브는 씨가 있다면 씨를 제거한다. 짠맛이 강한 올리브는 5mm 깍둑썰기를 한 다음, 물에 반나절 정도 담가두어 소금기를 제거한다.
- 냉장고에서 7일 보관할 수 있다.

서양배 콩포트

재료 4접시 분량(만들기 편한 분량), 25g 사용
서양배 …… 1/4개
화이트와인 …… 100g
그래뉴당 …… 30g
바닐라빈 …… 1/2개 분량
레몬(1cm 슬라이스) …… 1장
오렌지(2cm 슬라이스) …… 1장

만드는 방법

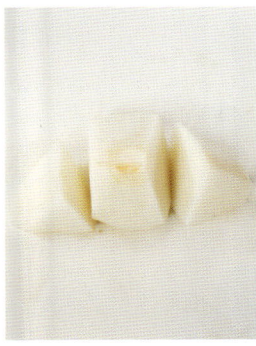   

1 서양배는 껍질을 벗기고 심을 제거한 다음 3조각으로 자른다.

2 냄비에 나머지 재료를 넣고 중불로 가열하다가, **1**의 서양배를 넣고 부드러워질 때까지 약불로 5분 정도 가열한다.

3 볼에 옮기고 랩을 밀착시켜서 덮은 다음 상온에서 식힌다. 냉장고에 하루 그대로 둔다.

4 서양배를 건져서 5mm 깍둑썰기를 한다.

memo
- 냉장고에서 5일 보관할 수 있다.

서양배 무스

재료 지름 4.5㎝ 실리콘반구형틀 15개 분량(만들기 편한 분량), 1개 분량 사용(1접시)
서양배 퓌레 …… 83g
판젤라틴 …… 2g
사과 리큐어 …… 4.3g
생크림(유지방 35%, 70% 휘핑) …… 83g
서양배 콩포트(p.47 참조) …… 25g

memo
• 냉동실에서 2주 보관할 수 있다.

만드는 방법

1 냄비에 서양배 퓌레 1/2을 넣고 중불로 80℃가 될 때까지 섞으면서 가열한다.

2 불에서 내린 다음 얼음물(분량 외)에 불린 판젤라틴을 넣고 녹인다.

3 나머지 서양배 퓌레를 섞는다.

4 볼에 옮기고 얼음물 위에 올려서 30℃까지 식힌다.

  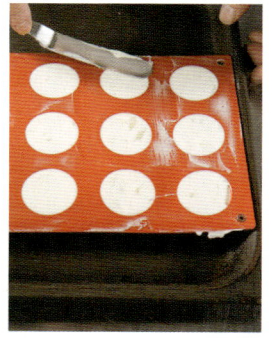 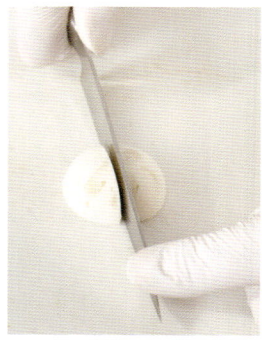

5 얼음물에서 내리고 사과 리큐어, 생크림을 순서대로 섞는다.

6 서양배 콩포트를 넣고 가볍게 섞는다.

7 짤주머니로 반구형틀에 짜 넣은 다음 팔레트나이프로 표면을 다듬는다.

8 냉동실에서 2시간 얼리고 꺼내서 2등분한다.

꿀 올리브오일 소스

재료 7접시 분량(만들기 편한 분량), 5g 사용(1접시)
꿀 …… 20g
올리브오일 …… 10g
리치 리큐어 …… 6g

만드는 방법
볼에 모든 재료를 넣고 골고루 섞어서 유화시킨다.

memo
• 냉장고에서 7일 보관할 수 있다.

달콤하고 부드러운 서양배에 얼그레이의 베르가모트 향과 떫은맛을 더한
고급스러운 디저트로, 악센트는 올리브.
특유의 식감과 짠맛으로 맛에 강약을 준다.
아삭하면서도 촉촉한 배를 장식하여 서양배와 식감, 맛을 대비시켜
개성과 재미를 표현하였다.

Sorbet aux griottes et romarin, mousse au chocolat blanc, parfumé au Shiso rouge

차즈기향 그리오트 로즈메리 소르베와 쇼콜라 블랑 무스

쇼콜라 블랑 무스, 그리오트 로즈메리 소르베, 그리오트 콩피튀르,
로즈메리 거품, 차즈기 설탕가루, 차즈기 소스

플레이팅 디자인

플레이팅의 기술

그릇 평평한 큰 접시(지름 25.5㎝)

재 료 1인분

쇼콜라 블랑 무스……4개
프랑부아즈……4개
프로마주 블랑 크림(p.96 참조)……10g
아메리칸 체리(신선한 것, 통째로)……3개
그리오트 콩피튀르……20g
차즈기 소스……5g
차즈기 설탕가루……3g
그리오트 로즈메리 소르베……4개
로즈메리 거품……1큰술
제라늄……적당량
차즈기 꽃이삭……적당량

1 접시에 쇼콜라 블랑 무스를 올린다.

2 프랑부아즈를 놓는다.

3 프로마주 블랑 크림을 스푼으로 떠서 점무늬를 그린다.

4 체리를 올리고, 그리오트 콩피튀르로 점무늬를 그린다.

5 제라늄을 올리고 차즈기 소스를 프랑부아즈 속에 넣은 다음, 제라늄 잎 위와 접시에 점무늬를 그린다.

6 차즈기 설탕가루를 뿌린다.

7 그리오트 로즈메리 소르베를 올린다.

8 로즈메리 거품을 스푼으로 떠서 올리고, 차즈기 꽃이삭을 장식한다.

쇼콜라 블랑 무스

재 료 12×12㎝, 높이 5㎝ 사각틀 1개 분량(만들기 편한 분량), 4개 사용(1접시)
우유 …… 46g
달걀노른자 …… 17.5g
그래뉴당 …… 7g
판젤라틴 …… 1.5g
쇼콜라 블랑(카카오 35%) …… 44g
생크림(유지방 35%, 70% 휘핑) …… 107g

만드는 방법 (사진량 = 재료의 2배)

1 냄비에 우유를 넣고 중불로 끓기 직전까지 가열한다.

2 볼에 달걀노른자와 그래뉴당을 넣고 골고루 섞은 다음, **1**을 조금씩 넣으면서 섞는다.

3 다시 냄비에 옮겨 담고 약불로 저으면서 80℃까지 가열한 다음 불을 끈다. 얼음물(분량 외)에 불린 판젤라틴을 넣고 녹인다.

4 볼에 쇼콜라를 넣고 중탕으로 녹인 다음, **3**을 시누아로 걸러서 넣는다.

5 핸드블렌더로 섞어서 유화시킨다.

6 얼음물 위에 올려서 28℃까지 식히고 생크림을 섞는다.

7 12×12㎝ 사각틀에 붓고 냉동실에서 3시간 얼려서 굳힌다.

8 냉동실에서 꺼내 틀을 뺀 다음, 1.5㎝ 두께로 2㎝ 깍둑썰기를 한다.

memo
- 냉동실에서 7일 보관할 수 있다.

그리오트 로즈메리 소르베

재 료 20개 분량(만들기 편한 분량), 4개 사용(1접시)
물 …… 500g
그래뉴당 …… 90g
로즈메리 …… 10g
그리오트 퓌레 …… 700g

준비

냄비에 물, 그래뉴당, 로즈메리를 넣고 중불로 가열한다. 끓으면 랩을 씌워 냉장고에 하루 그대로 둔다. ⓐ

만드는 방법

1 냉장고에서 ⓐ를 꺼내 시누아로 거르고 주걱으로 눌러 짜서 볼에 담는다.

2 그리오트 퓌레를 넣고 섞는다.

3 얼음물 위에 올려서 10℃ 이하로 식힌다.

4 아이스크림기계에 넣고 돌리다가 공기가 들어가 하얗게 변하고, 칼날에 아이스크림이 달라붙을 정도가 되면 기계를 멈춘다.

5 OPP시트를 깐 판 위에 **4**를 올리고 시트 1장을 위에 덮은 다음, 밀대로 두께 1.5㎝가 되게 민다.

6 냉동실에서 1시간 얼리고 꺼내서 1.5㎝ 두께로 2㎝ 깍둑썰기를 한다.

memo
- 소르베액에 공기가 덜 들어가면 단단해질 수 있으므로 주의한다.
- 1.5㎝ 두께로 밀 때 양옆에 1.5㎝ 굵기의 사각막대를 놓고 밀면 쉽게 균일한 두께로 밀 수 있다.
- 냉동실에서 7일 보관할 수 있다.

그리오트 콩피튀르

재료 6접시 분량(만들기 편한 분량), 20g 사용(1접시)

그리오트(냉동, 통째로) …… 100g
루바브 …… 50g
레드와인 …… 20g
삼온당 …… 60g
HM펙틴 …… 2g
레몬즙 …… 6g
엘더플라워 리큐어 …… 6g

만드는 방법

1 냄비에 그리오트, 루바브, 레드와인, 삼온당 2/3를 넣고 중불로 가열한다.

2 불을 끈 다음 따뜻할 때 핸드 블렌더로 갈아서 퓌레상태로 만든다.

3 남은 삼온당과 HM펙틴을 볼에 넣고 골고루 섞는다.

4 3에 2를 조금 넣어 덩어리지지 않게 섞은 다음, 나머지를 넣고 섞는다.

5 냄비에 옮기고 중불로 걸쭉해질 때까지(Brix 40%) 가열한다.

6 체에 걸러 볼에 담고 얼음물 위에 올려 상온 정도로 식힌다.

7 레몬즙, 엘더플라워 리큐어를 넣고 섞는다.

memo
- 냉장고에서 7일 보관할 수 있다.

로즈메리 거품

재료 25접시 분량(만들기 편한 분량), 1큰술 사용(1접시)
A 물 …… 100g 그래뉴당 …… 30g
  로즈메리 …… 2.5g 레몬즙 …… 2.5g
대두레시틴파우더 …… 0.8g

memo
- 냉동실에서 2주 보관할 수 있다.

준비 (사진량 = 재료의 2배)   **만드는 방법** (사진량 = 재료의 2배)

냄비에 A를 넣고 중불로 가열한다. 끓으면 불을 끄고 랩을 씌워 냉장고에 하루 그대로 둔다. ⓐ

1 냉장고에서 ⓐ를 꺼내 시누아로 거르고 주걱으로 눌러 짜서 볼에 담는다.

2 볼에 대두레시틴파우더, 그래뉴당을 넣고 잘 섞는다. 1을 먼저 조금 넣고 섞은 다음 나머지를 넣고 골고루 섞는다.

3 레몬즙을 넣고 랩을 씌워 냉장고에 하루 그대로 둔다. 사용하기 전에 거품을 낸다.

차즈기 설탕가루

재료 25접시 분량(만들기 편한 분량), 3g 사용(1접시)
차즈기잎 …… 5g
달걀흰자 …… 2.5g
그래뉴당 …… 50g

만드는 방법

1 풀어놓은 달걀흰자를 차즈기 앞뒷면에 바르고 그래뉴당을 골고루 묻힌다. 베이킹시트를 깐 오븐팬에 올린다.

2 서늘한 곳에서 앞뒤로 뒤집어 주면서 2일 건조시킨다.

3 푸드프로세서(중속)로 굵게 간다.

memo
- 보관할 때는 건조제와 함께 밀폐용기에 넣어 상온에서 보관한다. 7일 보관할 수 있다.

차즈기 소스

재료 15접시 분량(만들기 편한 분량), 5g 사용(1접시)
물 …… 100g
차즈기 …… 17.5g
그래뉴당 …… 75g
매실주 …… 40g

준 비 (사진량 = 재료의 2배)

1 냄비에 물, 차즈기, 그래뉴당 1/2을 넣고, 중불로 끓이다가 약불로 줄여서 10분 가열한다.

2 랩을 씌우고 냉장고에 하루 그대로 둔다.

만드는 방법 (사진량 = 재료의 2배)

1 냉장고에서 꺼내 시누아로 거르고 주걱으로 눌러 짜서 볼에 담고, 차즈기를 제거한다.

2 냄비에 옮기고 남은 그래뉴당을 넣어 중불로 걸쭉해질 때까지 (Brix 60%) 가열한다.

3 불을 끄고 한 김 식힌 다음, 볼에 옮겨 담아 얼음물 위에서 식힌다.

4 매실주를 섞는다.

memo

- 냉장고에서 5일 보관할 수 있다.

그리오트의 독특한 신맛과 로즈메리의 화려한 향이 주인공.
큐브모양의 소르베가 그 존재감을 뽐내고,
감미롭고 부드러운 쇼콜라 무스와의 조합이 주인공 고유의 맛을 더 돋보이게 한다.
차즈기와 매실주 소스를 더하여 맛과 향에 깊이를 주면서
레드와 화이트의 조화로 플레이팅한다.

Compote de mandarine, mousse à la camomille et vin blanc, parfumée à la bergamote

베르가모트향 귤 콩포트, 캐모마일과 화이트와인 무스

귤 콩포트, 귤 나파주, 요구르트 소스, 귤 콩피튀르, 베르가모트 파트 드 프뤼이, 이탈리안 머랭, 화이트와인 무스, 설탕 입힌 식용꽃, 베르가모트 스페리피케이션, 캐모마일 무스, 판초콜릿 장식

플레이팅 디자인

- 반건조 자몽
- 피튜니아
- 귤 콩피튀르
- 설탕 입힌 식용꽃
- 판초콜릿 장식
- 귤 나파주로 윤기를 낸 귤 콩포트
- 처빌
- 베르가모트 스페리피케이션
- 화이트와인 무스
- 베르가모트 파트 드 프뤼이
- 캐모마일 무스
- 요구르트 소스

플레이팅의 기술

그릇 평평한 큰 접시(지름 30.5㎝)

재료 1인분
반건조 자몽(p.108 참조) …… 3개
화이트와인 무스 …… 1개
귤 콩포트 …… 1/2개
캐모마일 무스 …… 1개
베르가모트 파트 드 프뤼이 …… 2개
귤 콩피튀르 …… 5g
귤 나파주 …… 5g
요구르트 소스 …… 5g
판초콜릿 장식 …… 5g
베르가모트 스페리피케이션 …… 2개
설탕 입힌 식용꽃 …… 3g
피튜니아 …… 적당량
처빌 …… 적당량

1 접시에 반건조 자몽을 포개어 놓는다.

2 화이트와인 무스를 자몽 옆에 올린다.

3 귤 콩포트를 얹는다.

4 캐모마일 무스를 옆에 놓는다.

5 베르가모트 파트 드 프뤼이를 비스듬히 걸친다.

6 귤 콩피튀르를 올린다.

7 귤 나파주를 중불로 데워서 귤 콩포트에 발라 윤기를 낸다.

8 요구르트 소스를 스푼으로 떠서 점무늬를 그린다.

9 피튜니아, 처빌을 올린다.

10 판초콜릿 장식을 걸쳐서 세운다.

11 베르가모트 스페리피케이션을 놓는다.

12 설탕 입힌 식용꽃을 뿌린다.

귤 콩포트

재료 8접시 분량(만들기 편한 분량), 1/2개 사용(1접시)
물 …… 250g
캐모마일(말린 것) …… 2g
그래뉴당 …… 70g
귤과육(속껍질의 흰 부분 제거) …… 3개 분량

memo
- 냉장고에서 3일 보관할 수 있다.
- 귤을 절인 시럽은 나파주를 만들 때 사용한다.

만드는 방법

1 냄비에 물을 넣고 중불로 끓인 다음 불을 끈다. 캐모마일을 넣고 랩을 씌워 5분 동안 뜸을 들인다.

2 체에 거르고 숟가락으로 눌러 짜서 다른 냄비에 담고, 225g이 안 되면 물(분량 외)을 넣어 조절한다.

3 그래뉴당을 넣고 다시 중불로 끓인 다음, 반으로 갈라서 깊은 트레이에 넣은 귤 위에 붓는다.

4 랩을 내용물에 밀착시키고 상온에 하루 그대로 두어 맛이 배게 한다.

귤 나파주

재료 15접시 분량(만들기 편한 분량), 5g 사용(1접시)
A 귤 콩포트 시럽(위 참조) …… 40g 귤 콩포트 시럽(위 참조) …… 60g
   물엿 …… 30g   레몬즙 …… 80g
B 트레할로스 …… 7.5g
   HM펙틴 …… 2g

만드는 방법 (사진량 = 재료의 2배)

1 냄비에 **A**를 넣고 중불로 가열한다.

2 볼에 **B**를 넣어 골고루 섞고, 귤 콩포트 시럽을 먼저 조금 넣어 녹인 다음 나머지를 섞는다.

3 1에 2를 넣고 걸쭉해질 때까지(Brix 65%) 중불로 저으면서 가열한다.

4 불에서 내리고 레몬즙을 넣어 섞는다.

memo
- 냉동실에서 2주 보관할 수 있다.

요구르트 소스

재료 10접시 분량(만들기 편한 분량), 5g 사용(1접시)
수분을 뺀 요구르트 …… 50g
수거파우더 …… 8g
만다린 나폴레옹 …… 4g

만드는 방법
볼에 모든 재료를 넣고 섞는다.

memo
- 냉장고에서 2일 보관할 수 있다.

귤 콩피튀르

재료 15접시 분량(만들기 편한 분량), 5g 사용(1접시)
귤껍질 …… 20g
귤과육(속껍질 제거한 과육) …… 60g
그래뉴당 …… 12g

만드는 방법

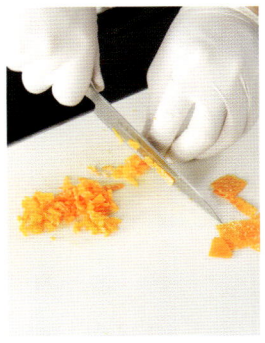 

1 냄비에 물(분량 외)을 끓여서 귤껍질을 데치고, 껍질 안쪽의 흰 부분을 제거한 다음 곱게 다진다.

2 냄비에 1, 귤과육, 그래뉴당을 넣고 중불에서 걸쭉해지도록 (Brix 40%) 섞으면서 가열한다.

memo
- 냉장고에서 5일 보관할 수 있다.

베르가모트 파트 드 프뤼이

재 료 30개 분량(만들기 편한 분량), 2개 사용(1접시)

베르가모트 퓌레······ 100g
삼온당······ 12g
꿀······ 7g
오렌지 퓌레······ 10g

A 그래뉴당······ 3g
  HM펙틴······ 0.8g
만다린 나폴레옹······ 1g
그래뉴당······ 적당량

만드는 방법

1 냄비에 베르가모트 퓌레 80g, 삼온당, 꿀, 오렌지 퓌레를 넣고 중불로 끓인다.

2 볼에 **A**를 넣어 잘 섞은 다음 남은 베르가모트 퓌레 20g을 넣어 녹인다.

3 **1**에 **2**를 넣고 중불로 104℃까지 섞으면서 가열한다.

4 불에서 내리고 만다린 나폴레옹을 섞는다.

5 OPP시트를 깐 트레이에 올려 1~2mm 두께가 되게 팔레트나이프로 잘 편 다음, 상온에서 24시간 건조시킨다.

6 3×5cm 직사각형으로 자르고 돌돌 만 다음, 볼에 담겨 있는 그래뉴당 위에 굴려서 묻힌다.

memo

- 보관할 때는 건조제와 함께 밀폐용기에 넣어 상온에서 보관한다. 5일 보관할 수 있다.

이탈리안 머랭

재료 30접시 분량(만들기 편한 분량), 47.5g 사용
물 …… 50g
그래뉴당 …… 150g
달걀흰자 …… 75g

만드는 방법

1 냄비에 물과 그래뉴당을 넣고 중불로 118℃까지 가열한다.

2 믹서볼에 달걀흰자를 넣고 **1**을 조금씩 넣으면서 믹서(고속)를 돌린다.

3 뿔이 서고 매끄럽고 윤기가 날 때까지 휘핑한 다음, 냉장고에서 약 30분 식힌다.

memo
- 이 분량이 잘 만들 수 있는 최소한의 분량이다.
- 믹서는 휘퍼를 끼워서 사용한다.
- 냉장고에서 1일 보관할 수 있다.

화이트와인 무스

재료 지름 5.5㎝, 높이 4㎝ 세르클틀 7개 분량(만들기 편한 분량), 1개 사용(1접시)
우유 …… 6g
판젤라틴 …… 1.5g
사워크림 …… 49g
이탈리안 머랭(위 참조)
   …… 47.5g
생크림(유지방 35%, 90% 휘핑)
   …… 52.5g
화이트와인 …… 5g
리카 …… 2.5g

만드는 방법 (사진량 = 재료의 2배)

1 냄비에 우유를 넣고 중불로 데운 다음, 얼음물(분량 외)에 불린 판젤라틴을 넣어 녹인다.

2 볼에 옮기고 사워크림을 섞은 다음, 이탈리안 머랭과 생크림을 차례로 넣고 섞는다.

3 화이트와인과 리카를 넣고 섞는다.

4 지름 5.5㎝ 세르클틀에 지름 5㎝ 차거름망을 올리고 키친타월을 깐 다음, 짤주머니에 **3**을 넣어 틀 높이까지 짠다.

5 키친타월을 접어서 덮고, 냉장고에서 5시간 이상 휴지시켜 수분을 제거한다.

memo
- 키친타월을 반지름 9㎝ 반원모양으로 자르고 곡선부분에 깊이 약 3㎝의 칼집을 넣은 다음, 변과 변을 겹쳐 고깔모양이 되게 둥글리고 뾰족한 부분을 1㎝ 접어서 차거름망에 깐다.
- 냉동실에서 2주 보관할 수 있다.

설탕 입힌 식용꽃

재료 7접시 분량(만들기 편한 분량), 3g 사용(1접시)
식용꽃(진한 색) …… 2.5g
달걀흰자 …… 1.3g
그래뉴당 …… 25g

만드는 방법 (사진량 = 재료의 2배)

memo
- 식용꽃은 색이 진한 것이라면 종류는 상관없다.
- 보관할 때는 건조제와 함께 밀폐용기에 넣어 상온에서 보관한다. 7일 보관할 수 있다.

1 식용꽃은 잎을 제거하고 꽃잎만 남겨서 달걀흰자를 풀어놓은 볼에 넣고 골고루 묻힌다.

2 그래뉴당을 꽃잎 전체에 골고루 묻힌다.

3 베이킹시트를 깐 오븐팬에 넓게 펼쳐놓고 상온에서 하루 동안 건조시킨다.

베르가모트 스페리피케이션

재료 지름 1.5cm 실리콘구형틀 14개 분량(만들기 편한 분량), 2개 사용(1접시)
A 베르가모트 퓌레 …… 25g
│ 물 …… 5g
│ 꿀 …… 5g
│ 그래뉴당 …… 20g
판젤라틴 …… 0.65g
B 그래뉴당 …… 15g
│ 베지터블 증점제 …… 9g
│ 물 …… 150g

만드는 방법 (사진량 = 재료의 2배)

1 냄비에 **A**를 넣고 중불로 끓여서 불에서 내린 다음, 얼음물(분량 외)에 불린 판젤라틴을 넣어 녹인다.

2 구형틀에 붓고 고무주걱으로 표면을 다듬은 다음, 냉동실에서 3시간 얼린다.

3 볼에 **B**를 넣어 섞고 냄비에 옮겨 중불로 75℃까지 가열한다.

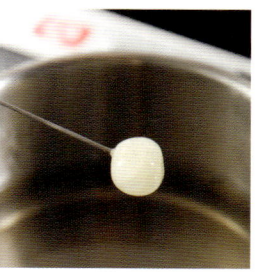

4 75℃를 유지하면서 2를 냉동실에서 꺼내 꼬치에 꽂은 다음 살짝 담근다.

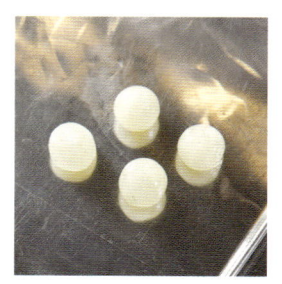

5 한 번 더 같은 방법으로 담그고 트레이에 올려 꼬치를 제거한다. 냉장고에서 몇 분 식힌다.

memo
- **B**를 묻히지 않은 것은 냉동실에서 2주, 묻힌 것은 냉장실에서 1일 보관할 수 있다.

캐모마일 무스

재료 지름 3cm 실리콘반구형틀 10개 분량(만들기 편한 분량), 1개 사용(1접시)

우유······ 115g
캐모마일(말린 것)······ 4g
꿀······ 45g
달걀노른자······ 45g
그래뉴당······ 39g
판젤라틴······ 3.6g
생크림(유지방 35%, 80% 휘핑)······ 115g

만드는 방법 (사진량=재료의 2배)

1 냄비에 우유를 넣고 중불로 끓인 다음 불을 끈다. 캐모마일을 넣고 랩을 씌워 5분 뜸을 들인다.

2 시누아로 거르고 주걱으로 눌러 짜서 볼에 담는다. 115g이 안 되면 우유(분량 외)로 맞춘다.

3 냄비에 **2**를 옮기고 꿀을 넣어 중불로 끓인다.

4 볼에 달걀노른자와 그래뉴당을 섞은 다음, **3**을 조금씩 넣으면서 섞는다.

5 냄비에 **4**를 옮기고 82℃까지 섞으면서 가열한다.

6 체에 걸러서 볼에 담고 얼음물(분량 외)에 불린 판젤라틴을 넣어 녹인다.

7 얼음물 위에 올려서 30℃가 될 때까지 저으면서 식힌다.

8 얼음물에서 꺼내 생크림을 섞는다.

9 짤주머니에 담아 반구형틀에 짜 넣고, 냉동실에서 3시간 동안 얼린다.

memo
- 냉동실에서 2주 보관할 수 있다.

판초콜릿 장식

재료 100g(만들기 편한 분량), 5g 사용(1접시)
쇼콜라 누아르(카카오 70% 이상) …… 150g
보드카(알코올 75% 이상) …… 적당량

만드는 방법

1 p.192 〈초콜릿 장식〉 준비 과정을 참조하여 템퍼링하고, OPP 시트를 깐 판 위에 올려서 넓게 편다. 시트모양대로 초콜릿을 정리한다.

2 표면이 굳기 시작하면 OPP시트와 함께 뒤집어서 평평해지도록 오븐팬을 위에 올리고 1시간 정도 그대로 둔다.

3 OPP시트를 떼어내고 적당한 크기로 자른다.

memo

- 초콜릿은 잘 굳으므로 필요한 분량인 100g보다 많이 준비하여 템퍼링한다(녹여서 다시 사용할 수 있다).
- 템퍼링할 때 공기가 들어가지 않도록 주의한다.
- 굳기 시작하면 눈 깜짝할 사이에 모양이 뒤틀어지므로 재빨리 뒤집는다.
- 서늘하고 그늘진 곳에서 2주 보관할 수 있다.

귤을 마음껏 즐길 수 있는 디저트.
귤의 신맛과 향을 직접 느낄 수 있게 콩포트를 큼지막하게 구성하였다.
귤의 풍미를 강조하고 깊은 맛을 내기 위해
베르가모트를 파트 드 프뤼이와 스페리피케이션으로 곁들였으며,
캐모마일 무스로 전체를 우아한 향으로 마무리하였다.

Crêpe aux figues et fromage
무화과 프로마주 크레페

바닐라 농축액, 시나몬 바닐라 대나무숯 크레페,
치즈 무스, 고르곤졸라치즈 수플레,
블랙커런트 스페리피케이션, 바닐라 아이스크림,
무화과 콩포트, 레몬 콩피튀르

플레이팅 디자인

- 블랙커런트 스페리피케이션
- 바닐라 아이스크림
- 시나몬 바닐라 대나무숯 크레페
- 치즈 무스
- 무화과 아래는 레몬 콩피튀르
- 무화과 콩포트
- 헤이즐넛 프랄리네
- 고르곤졸라치즈 수플레
- 크렘 파티시에
- 아마란스잎

플레이팅의 기술

그릇 평평한 접시(지름 17.5cm)

재료 1인분

시나몬 바닐라 대나무숯 크레페 …… 1장	무화과(껍질째) …… 1/3개	바닐라 아이스크림 …… 15g
크렘 파티시에(p.16 참조) …… 15g	레몬 콩피튀르 …… 15g	헤이즐넛 프랄리네(p.170 참조) …… 5g
고르곤졸라치즈 수플레 …… 3/4개	무화과 콩포트 …… 10g	아마란스잎 …… 적당량
치즈 무스 …… 1개	블랙커런트 스페리피케이션 …… 5알	

1 접시에 시나몬 바닐라 대나무숯 크레페를 올린다.

2 둥근 깍지 짤주머니에 크렘 파티시에를 넣고 짠다.

3 고르곤졸라치즈 수플레를 놓는다.

4 치즈 무스를 2조각으로 자르고 3 옆에 걸쳐서 세운다.

5 무화과를 2조각으로 잘라 세워서 놓는다.

6 레몬 콩피튀르를 올린다.

7 무화과 콩포트를 세로로 얇게 잘라서 겹쳐 올린다.

8 블랙커런트 스페리피케이션을 군데군데 놓는다.

9 바닐라 아이스크림을 15㎖ 스쿱으로 떠서 올린다.

10 헤이즐넛 프랄리네를 군데군데 뿌린다.

11 아마란스잎을 장식한다.

바닐라 농축액

재료 50접시 분량(만들기 편한 분량), 적당량 사용
바닐라빈······2g
보드카······40g

만드는 방법
바닐라빈을 살균한 병에 넣고 보드카를 붓는다.
뚜껑을 닫고 1개월 이상 상온에서 절인다.

memo
- 직사광선이 닿지 않는 곳에 보관한다.
  냉장고에서 60일 보관할 수 있다.

시나몬 바닐라 대나무숯 크레페

재료 8장 분량(만들기 편한 분량), 1장 사용(1접시)

A 우유······221g
   물······15g
   트리몰린(전화당)······13g
   소금······3g
   달걀······85g
   메이플시럽······20g
   바닐라빈······1/4개 분량

B 강력분······40g
   박력분······40g
   베르주아즈(첨채당)······20g
   버터······15g
   시나몬파우더······적당량
   바닐라 농축액(위 참조)······적당량
   대나무숯가루······적당량

만드는 방법

1 볼에 **A**를 섞는다.

2 **B**를 섞어서 다른 볼에 체친 다음 베르주아즈를 넣고 섞는다.

3 **2**에 **1**을 먼저 1/3 넣어 섞고, 다시 1/3을 넣어 글루텐이 생길 때까지 섞는다.

4 남은 **1**의 1/2을 넣고 다시 골고루 섞는다. 나머지 **1**을 모두 넣어 섞는다.

5 버터를 녹여서 섞은 다음, 시나몬파우더와 바닐라 농축액을 섞는다.

6 옅은 회색이 되게 색깔을 보면서 대나무숯가루를 섞는다. 체에 걸러서 계량컵에 담는다.

7 중불로 달군 프라이팬에 버터(분량 외)를 녹인 다음, 키친타월로 기름을 닦아내고 반죽 약 50g을 붓는다.

8 프라이팬을 돌려서 반죽을 평평하게 펴고, 약불로 노릇노릇해질 때까지 구운 다음 뒤집어서 굽는다.

9 프라이팬에서 꺼내 상온에서 식히고, 볼이나 접시 등 둥근 것을 대고 가장자리를 깔끔하게 자른다.

memo
- 철제 프라이팬으로 구우면 보기 좋은 색으로 구워진다.
- 냉장고에서 1일 보관할 수 있다.

치즈 무스

재 료 지름 4.5㎝ 실리콘반구형틀 20개 분량(만들기 편한 분량), 1개 사용(1접시)

그래뉴당 ······ 3.2g	크렘 파티시에(p.16 참조) ······ 57g
레몬껍질(간 것) ······ 0.3g	생크림(유지방 35%) ······ 125g
크림치즈 ······ 130g	판젤라틴 ······ 2.1g
사워크림 ······ 53g	이탈리안 머랭(p.63 참조) ······ 53g

만드는 방법

1 볼에 그래뉴당, 레몬껍질을 넣고 섞는다.

2 믹서볼에 크림치즈를 넣고 중속으로 잘 섞어서 크림상태를 만든다.

3 사워크림을 넣고 부드럽게 섞은 다음 **1**을 섞는다. 여기에 크렘 파티시에를 넣고 섞는다.

4 냄비에 생크림 55g을 넣어 중불로 끓이고, 얼음물(분량 외)에 불린 판젤라틴을 넣어 녹인다.

5 얼음물 위에 올려서 20℃까지 식힌다.

6 **3**에 **5**를 조금씩 넣으면서 섞는다.

7 이탈리안 머랭을 넣어 전체를 살짝 섞은 다음, 남은 생크림을 70% 휘핑해서 넣고 골고루 섞는다.

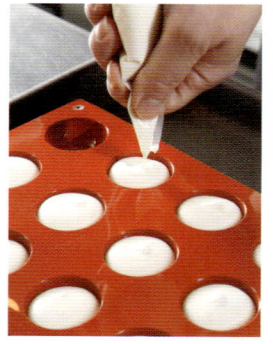

8 짤주머니에 **7**을 넣어 지름 4.5㎝ 반구형틀에 짜고, 냉장고에서 3시간 식힌다.

memo

- 믹서는 비터를 끼워서 사용한다.
- 냉동실에서 2주 보관할 수 있다.

고르곤졸라치즈 수플레

재료 지름 4.5㎝ 실리콘반구형틀 15개 분량(만들기 편한 분량), 3/4개 사용(1접시)

크림치즈 …… 62g
고르곤졸라치즈 …… 22g
A 달걀노른자 …… 20g
  그래뉴당 …… 6g
  옥수수전분가루 …… 6g
B 우유 …… 40g
  생크림(유지방 35%) …… 42g
C 달걀흰자 …… 55g
  레몬즙 …… 3g
D 그래뉴당 …… 18.2g
  트레할로스 …… 17g

만드는 방법

1 볼에 크림치즈와 고르곤졸라치즈를 넣고 중탕으로 부드럽게 녹인다.

2 다른 볼에 **A**를 넣고 골고루 섞는다.

3 냄비에 **B**를 넣고 중불로 끓인 다음, 2에 조금씩 넣고 섞는다.

4 다시 냄비에 옮겨 중불로 저으면서 가열한다.

5 1을 잘 풀어서 4에 넣고, 치즈가 덩어리지지 않게 핸드블렌더로 골고루 섞는다.

6 믹서볼에 차갑게 식혀둔 **C**와 **D**를 넣고 중속으로 돌려서 뿔이 설 때까지 휘핑한다.

7 5에 6을 몇 번에 나눠서 넣은 다음, 리본모양보다 조금 부드럽게 흘러내릴 때까지 고무주걱으로 잘 섞는다.

8 짤주머니에 넣은 7을 오븐팬에 올린 반구형틀에 짜 넣고, 오븐팬에 따뜻한 물(분량 외)을 부어 댐퍼를 닫은 130℃ 오븐에서 중탕으로 15분 굽는다.

9 오븐에서 꺼내 식히고, 틀째 냉동실에 넣어 1시간 20분 정도 얼린 다음 꺼내서 4등분한다.

memo
- 믹서는 휘퍼를 끼워서 사용한다.
- 굽는 중간에 물이 부족해지면 보충한다.
- 냉동실에서 2주 보관할 수 있다.

블랙커런트 스페리피케이션

재료 15접시 분량(만들기 편한 분량), 5알 사용(1접시)

- **A** 블랙커런트(냉동, 통째로) …… 115g
  - 레드와인 …… 16g
  - 그래뉴당 …… 25g
- 판젤라틴 …… 1.5g
- **B** 그래뉴당 …… 25g
  - 베지터블 증점제 …… 15g
  - 물 …… 125g

만드는 방법 (사진량 = 재료의 2배)

1 냄비에 **A**를 넣어 중불로 가열하고, 끓으면 약불로 줄여서 걸쭉해질 때까지 가열한다.

2 얼음물(분량 외)에 불린 판젤라틴을 넣어 녹인 다음, 핸드블렌더로 퓌레상태를 만든다.

3 체에 걸러서 볼에 담고 얼음물 위에 올려 저으면서 10℃ 이하로 식힌다. OPP시트로 만든 짤주머니에 넣는다.

4 냉장고에서 식힌 팬에 OPP시트를 깔고 지름 1cm 원모양으로 짠다. 냉동실에서 30분 얼린다.

5 다른 볼에 **B**를 섞은 다음 물을 넣어 섞는다.

6 냄비에 **5**를 넣고 중불로 끓여서 녹인 다음, 72℃까지 가열하여 온도를 유지한다.

7 **4**를 꼬치에 꽂아 **6**에 담갔다 건져서 트레이 위에 올린다. 이 과정을 여러 번 반복한 다음 냉장고에서 10분 식혀서 굳힌다.

memo
- 코팅할 때는 꼬치로 꽂아서 작업하면 편하다.
- **6**의 액을 묻히지 않은 것은 냉동실에서 2주, 묻힌 것은 냉장실에서 1일 보관할 수 있다.

바닐라 아이스크림

재료 25접시 분량(만들기 편한 분량), 15g 사용(1접시)
그래뉴당······82g
바닐라빈······1/2개 분량
우유······145g
생크림(유지방 35%)······140g
달걀노른자······52g

준비

1 볼에 그래뉴당 1/2과 바닐라빈을 넣어 잘 섞는다.

2 냄비에 **1**과 남은 그래뉴당, 우유, 생크림을 넣고 중불로 끓인 다음 불을 끈다. 랩을 씌워 하루 그대로 둔다. ⓐ

만드는 방법

1 ⓐ를 다시 끓여서 달걀노른자를 푼 볼에 조금씩 넣으면서 섞는다.

2 다시 냄비에 옮겨 중불~약불로 82℃가 될 때까지 저으면서 가열한다.

3 체에 걸러서 볼에 담고, 얼음물 위에 올려서 10℃ 이하로 식힌다.

4 아이스크림기계에 넣고 돌리다가 공기가 들어가 하얗게 변하고, 칼날에 아이스크림이 달라붙을 정도가 되면 기계를 멈춘다.

memo

- 아이스크림액에 공기가 덜 들어가면 단단해질 수 있으므로 주의한다.
- 냉동실에서 7일 보관할 수 있다.

무화과 콩포트

재료 재료 10접시 분량(만들기 편한 분량), 10g 사용(1접시)
무과화(반건조) …… 30g
레드와인 …… 32g
물 …… 32g
삼온당 …… 20g
시나몬 …… 1/4개
팔각 …… 1/2개
클로브(정향) …… 1개
레몬(1cm 슬라이스) …… 1/2장
오렌지(1cm 슬라이스) …… 1/2장

만드는 방법

1 냄비에 꼭지를 뗀 무화과와 그 밖의 재료를 모두 넣고 중불로 가열한다. 끓으면 약불로 줄여서 30~40분 가열한다.

2 랩을 밀착시켜 씌우고 상온에서 식힌다. 냉장고에 하루 그대로 둔다.

memo
• 냉장고에서 7일 보관할 수 있다.

레몬 콩피튀르

재료 10접시 분량(만들기 편한 분량), 15g 사용(1접시)
레몬 …… 2개
A 그래뉴당 …… 60g
　물 …… 120g
레몬즙 …… 적당량

memo
• 냉장고에서 5일 보관할 수 있다.

만드는 방법

1 깨끗이 씻은 레몬의 껍질을 얇게 벗겨 끓는 물(분량 외)에 데친다. 3mm 깍둑썰기를 한다.

2 레몬과육은 속껍질을 남겨두고 주변의 얇은 흰 껍질을 떼어낸 다음, 다져서 180g을 준비한다.

3 냄비에 1, 2, A를 넣고 중불~약불로 천천히 끓여서 페이스트상태가 될 때까지(Brix 60%) 가열한다.

4 불을 끄고 맛을 봐서 신맛이 부족하면 레몬즙을 넣는다.

고르곤졸라치즈 수플레, 치즈 무스, 바닐라 아이스크림,
무화과 콩포트를 크레페로 말아서 먹는다.
크레페 반죽에 시나몬과 대나무숯가루를 넣어 색다른 맛으로 완성하였다.
악센트는 블랙커런트와 레몬, 산뜻한 산미를 더해준다.

Combinaison de légumes secs, banane et thé de larme-de-Job
콩 바나나 율무차 콤비네이션

피스타치오 시폰케이크, 럼주 소스, 럼주 봄브, 클로브(정향) 풍미의 녹두, 병아리콩 페이스트, 흰강낭콩 시럽조림, 검은콩(단파흑두) 단조림, 피스타치오 크림, 캐러멜 풍미의 크렘 파티시에, 바나나 캐러멜리제, 율무차 아이스크림, 바나나 크렘 브륄레, 풋콩 튀일

플레이팅 디자인

플레이팅의 기술

그릇 평평한 큰 접시(지름 30.5cm)

재료 1인분

- 바나나 크렘 브륄레 …… 3개
- 피스타치오 시폰케이크 …… 4개(한입크기)
- 병아리콩 페이스트 …… 20g
- 클로브(정향) 풍미의 녹두 …… 17알
- 검은콩(단파흑두) 단조림 …… 4알
- 피스타치오 크림 …… 5g
- 럼주 소스 …… 5g
- 흰강낭콩 시럽조림 …… 5알
- 럼주 봄브 …… 15g
- 캐러멜 풍미의 크렘 파티시에 …… 15g
- 풋콩 …… 5알
- 바나나 캐러멜리제 …… 5개
- 율무차 아이스크림 …… 2개
- 풋콩 튀일 …… 4개
- 더우미아오(완두 새싹) …… 적당량
- 강낭콩 덩굴 …… 적당량

1 바나나 크렘 브륄레 2개는 반으로 자르고 1개는 자르지 않은 채 접시에 담는다.

2 피스타치오 시폰케이크를 올린다.

3 병아리콩 페이스트를 짤주머니에 넣어 점무늬를 그린다.

4 클로브(정향) 풍미의 녹두와 검은콩(단파흑두) 단조림을 올린 다음, 피스타치오 크림을 스푼으로 떠서 점무늬를 그린다.

5 럼주 소스를 스푼으로 떠서 점무늬로 얹고, 흰강낭콩 시럽조림을 올린다.

6 럼주 봄브와 캐러멜 풍미의 크렘 파티시에를 각각 짤주머니에 넣고 점무늬를 그린다.

7 풋콩을 놓고 바나나 캐러멜리제를 올린 다음, 더우미아오(완두 새싹)를 장식한다.

8 아이스크림을 15㎖ 스쿱으로 2개 떠서 놓고, 강낭콩 덩굴과 풋콩 튀일을 장식한다.

피스타치오 시폰케이크

재료 25×25cm, 높이 5cm 사각틀 1개 분량(만들기 편한 분량), 한입크기 4개(한입크기) 사용(1접시)

- **A** 우유 …… 55g
  - 식용유 …… 20g
- 피스타치오 페이스트 …… 50g
- **B** 달걀노른자 …… 35g
  - 그래뉴당 …… 20g
- **C** 달걀흰자 …… 140g
  - 그래뉴당 …… 60g
  - 트레할로스 …… 20g
  - 레몬즙 …… 2g
- **D** 박력분 …… 44g
  - 옥수수전분가루 …… 10g

만드는 방법

1 볼에 **A**를 넣어 섞고, 피스타치오 페이스트를 골고루 섞는다.

2 다른 볼에 **B**를 넣어 섞고 중탕으로 40℃까지 데운다.

3 2에 1을 섞는다.

4 믹서볼에 **C**를 넣어 고속으로 돌려 윤기가 나고 뿔이 설 정도로 섞어 머랭을 만든다. 3에 1/3을 넣고 잘 섞는다.

5 **D**를 섞어 체쳐서 넣고 가루가 보이지 않을 때까지 섞는다. 남은 머랭을 섞는다.

6 25×25cm 사각틀에 베이킹시트를 깔고 오븐팬에 올린다. **5**를 붓고 스크레이퍼로 표면을 다듬는다.

7 오븐팬 밑에 오븐팬을 1장 더 겹친 다음, 댐퍼를 닫은 170℃ 오븐에서 30분 굽는다.

8 오븐에서 꺼내 틀을 제거하고 식힘망 위에 올린다. 한 김 식으면 손으로 한입크기로 자른다.

memo
- 믹서는 휘퍼를 끼워서 사용한다.
- 냉장고에서 2일 보관할 수 있다.

럼주 소스

재료 15접시 분량(만들기 편한 분량), 5g 사용(1접시)
럼주······ 100g
그래뉴당······ 30g
바닐라빈······ 1/8개 분량
물엿······ 20g

만드는 방법
냄비에 모든 재료를 넣고 걸쭉해질 때까지 중불~약불로 가열한다.

memo
- 냉장고에서 7일 보관할 수 있다.

럼주 봄브

재료 10접시 분량(만들기 편한 분량), 15g 사용(1접시)
달걀노른자······ 3개
럼주······ 40g
그래뉴당······ 60g

만드는 방법

1 냄비에 모든 재료를 넣고 약불로 82℃가 될 때까지 섞으면서 가열한다.

2 믹서볼 위에 고운체를 올리고 1을 주걱으로 누르면서 내린다.

3 믹서(중속)로 하얗게 될 때까지 섞는다. 냉장고에 하룻밤 두어 맛을 숙성시킨다.

memo
- 믹서는 휘퍼를 끼워서 사용한다.
- 냉장고에서 1일 보관할 수 있다.

클로브(정향) 풍미의 녹두

재료 7접시 분량(만들기 편한 분량), 17알 사용(1접시)

녹두(말린 것) …… 25g
물 …… 290g

A 그래뉴당 …… 25g
   물 …… 75g
   소금 …… 0.1g
   클로브(정향) …… 1/2개

준비 (사진량 = 재료의 2배)　　　**만드는 방법** (사진량 = 재료의 2배)

녹두를 씻어서 충분한 물(분량 외)에 하룻밤 담가 불린 다음, 사용하기 전에 물기를 뺀다.

1 냄비에 녹두가 잠길 정도로 물(분량 외)을 붓고 센불로 가열한다. 끓으면 중불로 줄이고 거품을 걷어내면서 3분 가열한다.

2 체로 건져 뜨거운 물을 버리고 흐르는 물에 씻는다. 냄비에 물과 녹두를 넣고 중불에 올려 부드러워질 때까지 15~20분 가열한다.

3 다른 냄비에 **A**를 넣고 중불로 끓여서 시럽을 만든다.

4 **3**을 볼에 담는다. 시럽이 뜨거울 때 **2**를 체에 건져서 물기를 빼고 넣는다.

5 랩을 내용물에 밀착시키고 상온에서 식힌 다음, 냉장고에 하루 두어 맛이 잘 배게 한다.

memo
- 시럽에 녹두를 절일 때 시럽이 식었으면 따뜻하게 데운 다음 녹두를 넣는다.
- 냉장고에서 3일 보관할 수 있다.

병아리콩 페이스트

재 료 12접시 분량(만들기 편한 분량), 20g 사용(1접시)

병아리콩(말린 것) …… 50g
물 …… 160g
삼온당 …… 15g
소금 …… 1g

A 우유 …… 15g
│ 생크림 …… 5g
시나몬파우더 …… 적당량
우유(조절용) …… 적당량

준 비 (사진량＝재료의 2배)

병아리콩을 씻어서 충분한 물(분량 외)에 하룻밤 담가 불린 다음, 사용하기 전에 물기를 뺀다.

만드는 방법 (사진량＝재료의 2배)

1 냄비에 병아리콩과 물을 넣고 중불로 가열한다. 끓으면 약불로 줄여 부드러워질 때까지 삶는다.

2 체에 건져 물기를 빼고 뜨거울 때 삼온당, 소금과 함께 푸드프로세서(고속)에 넣고 갈아서 페이스트상태를 만든다.

3 A를 넣고 다시 고속으로 돌려서 부드럽게 만든다.

4 고운체에 내려 시나몬파우더와 우유를 섞으면서 맛과 농도를 알맞게 조절한다.

memo
• 냉장고에서 3일 보관할 수 있다.

흰강낭콩 시럽조림

재료 12접시 분량(만들기 편한 분량), 5알 사용(1접시)
흰강낭콩(건조)······ 25g
삼온당······ 16.5g
바닐라빈······ 1/8개 분량
소금······ 1꼬집

준비 (사진량 = 재료의 2배)

흰강낭콩을 씻어서 충분한 물(분량 외)에 하룻밤 담가 불린 다음, 사용하기 전에 물기를 뺀다.

만드는 방법 (사진량 = 재료의 2배)

1 냄비에 콩이 잠길 정도로 물(분량 외)을 붓고 중불로 가열한다. 끓으면 같은 양의 물(분량 외)을 넣고 다시 끓인 다음 물을 버린다.

2 냄비에 콩이 잠길 정도로 물(분량 외)을 붓고 중불로 가열한다. 끓으면 약불로 줄여 거품을 걷어내면서 부드러워질 때까지 가열한다.

3 콩이 잠길 정도로 물의 양을 맞춘 다음, 나머지 재료를 넣고 약불로 10분 가열한다.

4 불을 끄고 볼에 옮겨서 랩을 내용물에 밀착시키고 상온에서 식힌다. 식으면 냉장고에 하룻밤 두어 맛이 배게 한다.

memo
- 흰강낭콩을 삶는 중간에 물이 부족해지면 보충한다.
- 냉장고에서 3일 보관할 수 있다.

검은콩(단파흑두) 단조림

재 료 18접시 분량(만들기 편한 분량), 4알 사용(1접시)
검은콩(단파흑두)······ 75g
A 삼온당······ 37.5g
  간장(고이쿠치)······ 12g
삼온당(조절용)······ 15g

준비

검은콩을 씻어서 충분한 물 (분량 외)에 하룻밤 담가 불린 다음, 사용하기 전에 물기를 뺀다.

만드는 방법

1 두꺼운 냄비에 검은콩이 잠길 정도로 물(분량 외)을 붓고 중불로 가열한다. 끓으면 약불로 줄여 냄비 속에 덮개를 덮고 가열한다.

2 거품을 걷어내고 거품이 없어지면 같은 양의 물(분량 외)을 넣은 다음, 덮개 위에 뚜껑을 덮어 약불로 4시간 가열한다.

3 A를 넣고 중불로 10분 동안 가열한다.

4 불을 끄고 삼온당으로 조림 국물의 맛을 조절한다. 덮개 위에 뚜껑을 덮고 상온에서 식힌다. 식으면 냉장고에 하룻밤 둔다.

memo

- 마지막에 조림국물의 맛을 보고 약하면 삼온당을 넣어 조절한다.
- 냉장고에서 5일 보관할 수 있다.

피스타치오 크림

재료 10접시 분량(만들기 편한 분량), 5g 사용(1접시)
우유······40g
판젤라틴······0.3g
피스타치오 페이스트······10g

memo
• 냉장고에서 2일 보관할 수 있다.

만드는 방법

1 냄비에 우유를 넣고 중불로 끓기 직전까지 가열한다.

2 얼음물(분량 외)에 불린 판젤라틴을 넣고 섞는다.

3 볼에 피스타치오 페이스트를 넣고 **2**를 조금씩 섞는다.

4 체에 걸러 다른 볼에 담고 얼음물 위에 올려서 식힌다. 냉장고에서 3시간 이상 식힌다.

캐러멜

재료 40접시 분량(만들기 편한 분량), 20g 사용(8접시)
A 생크림(유지방 35%)······93g   버터······36g
   바닐라빈······1/2개 분량
B 그래뉴당······62g
   물엿······23g
   소금······0.6g

memo
• 냉동실에서 2주 보관할 수 있다.

만드는 방법

1 냄비에 **A**를 넣고 중불로 끓인 다음 바닐라빈을 건진다.

2 다른 냄비에 **B**를 넣고 그래뉴당이 젖을 정도로 물(분량 외)을 붓는다. 중불로 진한 색이 날 때까지 저으면서 가열한다.

3 **1**을 조금씩 넣으면서 골고루 섞은 다음, 104℃까지 저으면서 가열한다.

4 불을 끄고 볼에 옮겨 버터를 넣고 핸드블렌더로 섞는다. 얼음물 위에 올려 35℃ 이하로 저으면서 식힌다.

캐러멜 풍미의 크렘 파티시에

재 료 8접시 분량(만들기 편한 분량), 15g 사용(1접시)
크렘 파티시에(p.16 참조) …… 100g
캐러멜(p.86 참조) …… 20g

만드는 방법
볼에 모든 재료를 넣고 섞는다.

memo
- 냉장고에서 2일 보관할 수 있다.

바나나 캐러멜리제

재 료 2접시 분량(만들기 편한 분량), 5개 사용(1접시)
바나나 …… 1개
그래뉴당 …… 적당량

만드는 방법

1 바나나를 껍질째 세로로 얇게 슬라이스한다. 껍질을 벗기고 조금씩 겹쳐서 모양을 정리한다.

2 끝에서부터 돌돌 만다.

3 한쪽에 그래뉴당을 바르고 트레이 위에 올려, 토치로 캐러멜 상태가 될 때까지 그슬린다.

memo
- 냉장고에서 1일 보관할 수 있다.

율무차 아이스크림

재료 12접시 분량(만들기 편한 분량), 2개 사용(1접시)

물 …… 50g
율무차(찻잎) …… 5g
우유 …… 200g

A 삼온당 …… 70g
│ 율무가루 …… 25g
생크림(유지방 35%, 70% 휘핑) …… 150g

만드는 방법

1 냄비에 물을 넣고 중불로 끓여서 불을 끈다. 율무차(찻잎)를 넣고 랩을 씌워서 5분 동안 뜸을 들인다.

2 다른 냄비에 우유를 넣고 중불로 가열하여 **1**에 섞는다. 랩을 씌우고 3시간 뜸을 들인다.

3 시누아로 걸러서 볼에 담는다.

4 다른 볼에 **A**를 잘 섞은 다음 먼저 **3**을 조금 넣고 섞는다.

5 남은 **3**과 **4**를 냄비에 담고 중불로 저으면서 끓인다.

6 볼에 옮기고 얼음물 위에 올려서 10℃ 이하로 식힌다. 얼음물에서 꺼내 생크림을 넣고 섞는다.

7 아이스크림기계에 넣고 돌리다가 공기가 들어가 하얗게 변하고, 칼날에 아이스크림이 달라붙을 정도가 되면 기계를 멈춘다.

memo

- 아이스크림액에 공기가 덜 들어가면 단단해질 수 있으므로 주의한다.
- 플레이팅할 때는 15㎖ 스쿱으로 2개를 떠서 올린다.
- 냉동실에서 2주 보관할 수 있다.

바나나 크렘 브륄레

재 료 지름 3.5cm 퐁포네트틀 12개 분량(만들기 편한 분량), 3개 사용(1접시)

A 우유 …… 40g
  그래뉴당 …… 17.5g
바나나(굵게 자른 것) …… 68g
B 달걀노른자 …… 10g
  달걀 …… 30g
  우유 …… 40g
  생크림(유지방 35%) …… 25g

럼주 …… 2.5g
바닐라 농축액(p.70 참조) …… 적당량
시나몬파우더 …… 적당량
베르주아즈(첨채당) …… 적당량

만드는 방법 (사진량 = 재료의 2배)

1 냄비에 **A**를 섞어서 중불로 데운다.

2 볼에 바나나를 담고 **1**을 넣어 핸드블렌더로 갈아서 페이스트 상태로 만든다.

3 **B**를 넣고 다시 핸드블렌더로 섞은 다음, 시누아로 걸러서 볼에 담는다.

4 럼주를 넣고 바닐라농축액, 시나몬파우더로 맛을 낸다.

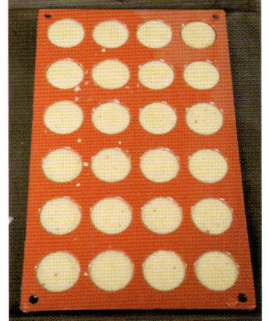

5 오븐팬에 올린 지름 3.5cm 틀에 붓고 오븐팬에 물(분량 외)을 붓는다. 댐퍼를 연 130℃ 오븐에서 중탕으로 30분 굽는다.

6 오븐에서 꺼내 한 김 식힌 다음 냉장고에서 3시간 이상 식힌다. 틀에서 꺼내 베르주아즈를 뿌리고 토치로 그슬린다.

memo
- 냉동실에서 5일 보관할 수 있다.

삶은 풋콩

재 료 10접시 분량(만들기 편한 분량), 5알 사용(1접시)
풋콩 …… 140g

만드는 방법
중불로 물(분량 외)을 끓이고 씻은 풋콩을 넣어 부드럽게 삶는다.
체에 걸러 한 김 식힌 다음 껍질을 벗긴다.

memo
- 〈풋콩 튀일(아래 참조)〉을 만들 때도 사용한다.
- 냉장고에서 2일 보관할 수 있다.

풋콩 튀일

재 료 5접시 분량(만들기 편한 분량), 4개 사용(1접시)
삶은 풋콩(위 참조) …… 35g   **A** 슈거파우더 …… 10g
우유 …… 25g   박력분 …… 5g
피스타치오 페이스트 …… 30g

만드는 방법

1 볼에 삶은 풋콩을 넣고 핸드블렌더로 페이스트상태가 될 때까지 간다.

2 볼 위에 고운체를 올려 **1**을 내린다.

3 우유와 피스타치오 페이스트를 조금씩 넣으면서 섞는다.

4 섞어서 체친 **A**를 **3**에 골고루 섞는다.

5 오븐팬에 실리콘베이킹시트를 깔고 콩깍지모양의 틀을 올린다. 팔레트나이프로 **4**를 얇게 펴서 다듬고 틀을 떼어낸다.

6 댐퍼를 연 100℃ 오븐에서 8분 굽는다.

7 오븐에서 꺼내 베이킹시트에서 떼어내고, 뒤집어서 댐퍼를 연 160℃ 오븐에서 5~6분 굽는다.

memo
- 콩깍지모양의 틀은 플라스틱 시트 가운데를 원하는 모양으로 도려내서 만든다.
- 보관할 때는 건조제와 함께 밀폐용기에 넣어 상온에서 보관한다. 3일 보관할 수 있다.

녹두, 흰강낭콩, 검은콩(단파흑두), 풋콩 등 4종류의 콩과 바나나, 율무차를 조합하고 소스와 크림을 곳곳에 흩뿌려 풍성하게 구성하였다.
작은 콩에도 정성을 들여서 콩만 먹어도 맛있고,
시폰이나 크렘 브륄레 등 다른 재료와 같이 먹어도 맛있는 디저트로 완성하였다.

Composition à la fraise, basilic et fromage
딸기 바질 프로마주 콩포지시옹

딸기 바질 소르베, 딸기 콩피튀르,
딸기 거품, 마스카르포네치즈 무스,
프로마주 블랑 크림, 바질 설탕가루

플레이팅 디자인

- 봉선화
- 딸기 거품
- 바질 설탕가루
- 딸기 아래는 딸기 콩피튀르
- 딸기 바질 소르베 아래는 위부터 순서대로 크렘 파티시에, 마스카르포네치즈 무스, 프로마주 블랑 크림

플레이팅의 기술

그릇 작고 오목한 유리그릇(지름 15.5cm, 중앙지름 8mm, 깊이 2cm)

재료 1인분

프로마주 블랑 크림 …… 15g
마스카르포네치즈 무스 …… 1개
크렘 파티시에(p.16 참조) …… 10g
딸기 콩피튀르 …… 20g
딸기(작은 것, 2mm 슬라이스) …… 2개 분량

딸기 바질 소르베 …… 40g
딸기 거품 …… 1큰술
바질 설탕가루 …… 3g
봉선화 …… 적당량

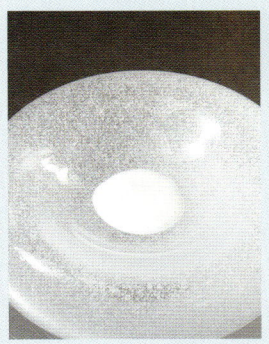

1 그릇에 프로마주 블랑 크림을 담는다.

2 마스카르포네치즈 무스를 위에 올린다.

3 둥근 깍지 짤주머니에 크렘 파티시에를 넣어 위에 반만 짜서 올리고, 남은 반원 부분에는 딸기 콩피튀르를 올린다.

4 자른 딸기를 3의 콩피튀르가 덮이도록 사진처럼 동그랗게 돌려 담는다.

5 가운데부터 전체가 덮이도록 딸기 바질 소르베를 올린다.

6 딸기 거품을 스푼으로 떠서 동그랗게 올린 다음, 그 위에 봉선화를 장식하고 바질 설탕가루를 뿌린다.

딸기 바질 소르베

재료 10접시 분량(만들기 편한 분량), 40g 사용(1접시)
딸기(꼭지 딴 것)······ 350g 그래뉴당······ 63g
바질(줄기째 다진 것)······ 6g 크렘 드 프레즈······ 7.5g

준비

1 볼에 딸기를 넣고 핸드블렌더로 섞은 다음, 체에 걸러서 내열볼에 담는다.

2 바질과 그래뉴당을 섞어서 500W 전자레인지에 3분 정도 가열한다. 냉장고에 하루 그대로 둔다. ⓐ

만드는 방법

1 다른 볼에 ⓐ를 체에 걸러서 담고 크렘 드 프레즈를 섞는다.

2 아이스크림기계에 넣고 돌리다가 공기가 들어가 하얗게 변하고, 칼날에 아이스크림이 달라붙을 정도가 되면 기계를 멈춘다.

memo
- 소르베액에 공기가 덜 들어가면 단단해질 수 있으므로 주의한다.
- 냉동실에서 2주 보관할 수 있다.

딸기 콩피튀르

재료 10접시 분량(만들기 편한 분량), 20g 사용(1접시)
딸기(꼭지 딴 것)······ 135g 판젤라틴······ 2.5g
프랑부아즈······ 45g 레몬즙······ 2g
삼온당······ 65g 크렘 드 프랑부아즈······ 4g
HM펙틴······ 4g

만드는 방법

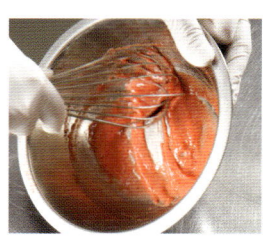

1 냄비에 딸기, 프랑부아즈, 삼온당 2/3를 넣고 고무주걱으로 으깨면서 중불로 가열한다.

2 불에서 내리고 핸드블렌더로 퓌레상태가 될 때까지 간다.

3 볼에 남은 삼온당과 펙틴을 섞은 다음, **2**를 조금 넣고 골고루 섞는다.

4 **2**에 **3**을 넣고 덩어리지지 않게 저으면서 중불로 가열한다.

5 불에서 내려 얼음물(분량 외)에 불린 판젤라틴을 넣고 섞는다. 얼음물 위에 올려서 30℃ 이하로 식힌다.

6 레몬즙과 크렘 드 프랑부아즈를 넣고 섞는다.

memo
- 냉장고에서 7일 보관할 수 있다.

딸기 거품

재료 8접시 분량(만들기 편한 분량), 1큰술 사용(1접시)

물 ····· 100g
A 대두레시틴파우더 ····· 0.8g
　그래뉴당 ····· 30g
딸기 ····· 15g
B 레몬즙 ····· 2.5g
　크렘 드 프레즈 ····· 1.5g

만드는 방법 (사진량 = 재료의 2배)

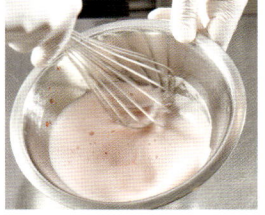

1 냄비에 물을 끓인다. **A**를 볼에 잘 섞고 끓인 물을 조금씩 넣으면서 녹인다. 얼음물 위에 올려 섞으면서 식힌다.

2 핸드블렌더로 퓌레상태로 만든 딸기를 볼에 넣고 **B**를 섞는다. 여기에 **1**을 넣고 섞는다.

3 시누아로 걸러서 다른 볼에 담는다.

memo
- 냉동실에서 2주 보관할 수 있다.

마스카르포네치즈 무스

재료 지름 4cm 실리콘반구형틀 8개 분량(만들기 편한 분량), 1개 사용(1접시)

A 우유 ····· 20g
　꿀 ····· 10g
판젤라틴 ····· 1.5g
마스카르포네치즈 ····· 80g
생크림(유지방 35%, 70% 휘핑) ····· 50g

만드는 방법 (사진량 = 재료의 2배)

1 냄비에 **A**를 넣고 중불로 끓기 직전까지 가열한 다음 불을 끈다. 얼음물(분량 외)에 불린 판젤라틴을 넣고 녹인다.

2 볼에 옮겨서 얼음물 위에 올리고 40℃까지 식힌다.

3 다른 볼에 마스카르포네치즈를 넣고 **2**를 조금씩 넣으면서 덩어리가 없어질 때까지 섞는다. 온도를 32℃ 전후로 조절한다.

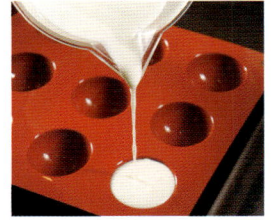

4 생크림을 넣고 전체를 골고루 섞는다.

5 컵 같은 것에 옮겨서 지름 4cm 반구형틀에 붓고, 냉동실에서 3시간 얼려서 굳힌다.

memo
- 마스카르포네치즈를 넣으면 온도가 내려가므로 32℃ 전후로 조절한다. 32℃보다 높으면 얼음물 위에 올려서 식히고, 32℃보다 낮으면 중탕으로 온도를 올린다.
- 냉동실에서 7일 보관할 수 있다.

프로마주 블랑 크림

재료 8접시 분량(만들기 편한 분량), 15g 사용(1접시)
프로마주 블랑 …… 75g
수분을 제거한 요구르트 …… 50g
슈거파우더 …… 6g
리치 리큐어 …… 5g

만드는 방법
볼에 모든 재료를 넣고 가볍게 섞는다.

memo
• 냉장고에서 2일 보관할 수 있다.

바질 설탕가루

재료 10접시 분량(만들기 편한 분량), 3g 사용(1접시)
바질잎 …… 2g
달걀흰자 …… 5g
그래뉴당 …… 20g

만드는 방법

1 바질은 줄기를 떼어내고 잎 앞뒷면에 풀어놓은 달걀흰자를 바른다.

2 앞뒷면에 그래뉴당을 골고루 묻힌다.

3 오븐팬에 올려 습도가 낮고 서늘한 곳에 두고, 중간에 앞뒤로 뒤집어주면서 2일 동안 말린다.

4 푸드프로세서에 3을 넣고 고속으로 굵게 간다.

memo
• 보관할 때는 건조제와 함께 밀폐용기에 넣고 상온에서 보관한다. 7일 보관할 수 있다.

제철 딸기를 듬뿍 넣은 디저트. 딸기의 달콤한 맛과 향을 충분히 살리려고
소르베와 콩피튀르의 당도는 오히려 줄였다.
마스카르포네치즈 무스로 진한 맛을, 프랑부아즈 블랑 크림으로 산미를 더했으며,
바질의 상쾌한 향으로 전체를 마무리하였다.

Melon et thé vert en soupe

멜론 말차 스프

멜론 줄레,
멜론 마리네이드,
멜론 무스,
말차 소스, 말차 거품

플레이팅 디자인

펜넬꽃
멜론 마리네이드
말차 소스
말차 거품
멜론 무스
멜론 줄레

플레이팅의 기술

그릇 깊은 볼(지름 21㎝, 깊이 8㎝)

재료 1인분

멜론 마리네이드 …… 30g	말차 거품 …… 1큰술
멜론 무스 …… 40g	말차 소스 …… 3g
멜론 줄레 …… 20g	펜넬꽃 …… 적당량

1 그릇 바닥에 마리네이드를 깔고 무스를 올린다.

2 멜론 줄레를 무스 위에 겹쳐서 올린다.

3 말차 거품을 올리고 말차 소스를 뿌린다.

4 펜넬꽃을 장식한다.

멜론 줄레

재 료 8접시 분량(만들기 편한 분량), 20g 사용(1접시)

멜론과육 …… 140g
A ┌ 그래뉴당 …… 6g
　└ 아가(응고제) …… 10g
레몬 껍질(간 것) …… 4g
레몬즙 …… 3g
리카 …… 적당량

만드는 방법

1 A를 볼에 잘 섞어둔다. 주서기에 멜론과육을 넣고 퓌레상태로 만든 다음, 이 중 40g을 A의 볼에 섞는다.

2 냄비에 남은 멜론 퓌레 100g과 레몬 껍질을 넣고 중불로 가열하여, 끓으면 1을 넣어 다시 끓인다.

3 체에 걸러서 다른 볼에 담고 얼음물 위에 올려서 식힌다.

4 레몬즙과 리카를 넣고 냉장고에서 3시간 식혀서 굳힌다.

memo
• 냉장고에서 2일 보관할 수 있다.

멜론 마리네이드

재 료 5접시 분량(만들기 편한 분량), 30g 사용(1접시)

멜론과육(부드러운 부분) …… 1/4개 분량
스다치즙 …… 1개 분량
소금 …… 적당량

만드는 방법
멜론은 씨와 껍질을 제거하고, 부드러운 부분만 한입크기로 1㎝ 깍둑썰기를 한다. 볼에 넣고 스다치즙과 소금을 섞는다.

memo
• 멜론의 단맛에 따라 소금과 스다치즙의 양을 조절한다.
• 냉장고에서 2일 보관할 수 있다.

멜론 무스

재료 5접시 분량(만들기 편한 분량), 40g 사용(1접시)

멜론과육 …… 66g	이탈리안 머랭(p.63 참조) …… 20g
판젤라틴 …… 1.9g	생크림(유지방 35%, 80% 휘핑) …… 13g
플레인요구르트 …… 20g	리카 …… 4g

만드는 방법

1 주서기에 멜론과육을 넣고 퓌레상태로 만든 다음, 시누아로 걸러 볼에 담는다.

2 냄비에 **1**의 1/4과 얼음물(분량 외)에 불린 판젤라틴을 넣고, 중불로 끓여서 녹인다.

3 **1**에 **2**를 섞고 얼음물 위에 올려서 30℃까지 식힌다.

4 플레인요구르트, 이탈리안 머랭, 생크림, 리카를 섞은 다음, 냉장고에서 3시간 식혀서 굳힌다.

memo
- 냉장고에서 2일 보관할 수 있다.

말차 소스

재료 5접시 분량(만들기 편한 분량), 3g 사용(1접시)
말차······ 2.5g
우유······ 15g

만드는 방법 (사진량=재료의 2배)

1 볼에 말차를 넣고 저어서 곱게 풀어준다.

2 우유를 조금씩 넣으면서 덩어리지지 않게 잘 섞는다.

3 체에 걸러 다른 볼에 담는다.

memo
• 냉장고에서 2일 보관할 수 있다.

말차 거품

재료 5접시 분량(만들기 편한 분량), 1큰술 사용(1접시)
말차······ 2g
우유······ 72g

만드는 방법

1 볼에 말차를 넣고 저어서 곱게 풀어준다.

2 우유를 조금씩 넣으면서 덩어리지지 않게 잘 섞는다.

3 냄비에 옮겨서 중불로 데운다.

4 컵에 옮겨서 핸드블렌더로 거품을 낸다.

memo
• 냉장고에서 2일 보관할 수 있다.

고급스러운 단맛과 좋은 향, 촉촉하고 싱싱한 푸른 멜론.
그리고 멜론만큼 좋은 향과 고운 색을 가진 말차. 이 둘을 조합한 밝은 색감의 디저트이다.
멜론 마리네이드에는 스다치를, 줄레와 무스에는 리카를 넣어 좀 더 산뜻하게 완성하였다.
초여름을 시원하게 즐길 수 있다.

Warabimochi au pamplemousse et sorbet de thé Kaga-Hojicha

자몽 와라비모치와 가가보차 소르베

가가보차 자몽 소르베,
자몽껍질 크리스탈리제,
자몽 와라비모치, 반건조 자몽, 얼린 자몽,
자몽 줄레, 민트 줄레, 민트 거품

플레이팅 디자인

자몽 줄레
아래는 위부터 순서대로
얼린 자몽,
가가보차 자몽 소르베,
자몽 와라비모치

자몽껍질
크리스탈리제

차즈기 꽃이삭

반건조 자몽

민트 줄레

민트 거품

플레이팅의 기술

그릇 작고 오목한 그릇(지름 15cm, 깊이 7cm)

재료 1인분
자몽 와라비모치······ 8개
가가보차 자몽 소르베······ 40g
얼린 자몽······ 1개
자몽 줄레······ 1개
민트 줄레······ 20g

반건조 자몽······ 1개
자몽껍질 크리스탈리제······ 5g
민트 거품······ 1큰술
차즈기 꽃이삭······ 적당량

1 그릇 바닥에 자몽 와라비모치를 담는다.

2 가가보차 자몽 소르베를 위에 올린다.

3 얼린 자몽을 올린다.

4 자몽 줄레를 올린다.

5 민트 줄레를 얹는다.

6 반건조 자몽을 3조각으로 나누어 얹는다.

7 차즈기 꽃이삭을 장식한다.

8 자몽껍질 크리스탈리제와 민트 거품을 올린다.

가가보차 자몽 소르베

재료 15접시 분량(만들기 편한 분량), 40g 사용(1접시)
자몽(화이트) …… 1/2개
A 물 …… 600g
  그래뉴당 …… 200g
  스피어민트(굵게 다진 것) …… 4g
가가보차 …… 14g

만드는 방법

1 자몽은 씻어서 필러로 껍질을 벗기고 속껍질의 흰 부분을 제거한다. 과육을 약 1cm 두께로 동글게 썬다.

2 냄비에 **1**과 **A**를 넣고 중불로 가열하고 끓기 시작하면 약불로 줄여서 5분 더 가열한다.

3 불을 끄고 가가보차를 넣은 다음 랩을 내용물에 밀착시켜서 씌우고 5분 동안 뜸을 들인다.

4 체에 걸러서 볼에 담고, 남은 과육을 눌러서 과즙을 짜낸다. 얼음물 위에 올려 10℃ 이하로 식힌다.

5 아이스크림기계에 넣어 돌리다가 공기가 들어가 하얗게 변하고, 칼날에 아이스크림이 달라붙을 정도가 되면 기계를 멈춘다.

memo
- 소르베액에 공기가 덜 들어가면 단단해질 수 있으므로 주의한다.
- 냉동실에서 2주 보관할 수 있다.

자몽껍질 크리스탈리제

재 료 20접시 분량(만들기 편한 분량), 5g 사용(1접시)
자몽껍질(화이트) …… 1/2개 분량
그래뉴당 …… 15g
물 …… 50g
트레할로스 …… 15g

만드는 방법 (사진량 = 재료의 2배)

1 자몽은 씻어서 껍질을 필러로 얇게 벗긴다. 끓는 물(분량 외)에 데쳐서 물을 버리고 껍질 안쪽 흰 부분을 제거한다.

2 냄비에 그래뉴당과 물을 넣어 중불로 가열한다. 끓으면 **1**을 가늘게 채썰어서 넣고 약불로 10~15분 가열한다.

3 체에 걸러서 껍질을 건져낸다.

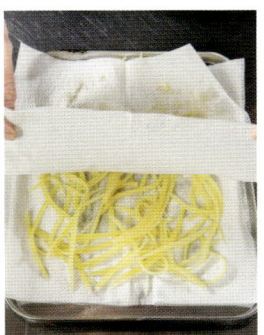

4 키친타월을 깐 트레이에 올리고 키친타월을 덮어 껍질에 남아 있는 시럽을 닦아낸다.

5 베이킹시트를 깐 오븐팬에 넓게 펼쳐놓고 상온에서 하루 건조시킨다.

6 볼에 트레할로스를 넣고 **5**를 버무린다.

memo
- 보관할 때는 건조제와 함께 밀폐 용기에 넣고 상온에서 보관한다. 1주일 보관할 수 있다.

자몽 와라비모치

재료 17접시 분량(만들기 편한 분량), 8개 사용(1접시)

A 와라비모치가루 …… 15g
　그래뉴당 …… 7g
　자몽즙(루비) …… 70g
　자몽과육(루비, 속껍질을 벗겨내고 잘게 자른 것) …… 40g
진 …… 2g

memo
- 냉장고에서 1일 보관할 수 있다.

만드는 방법 (사진량=재료의 2배)

1 냄비에 **A**를 넣고 중불로 가열하여, 끈기가 생기면 투명해질 때까지 섞으면서 가열한다.

2 불을 끄고 진을 넣어 섞는다.

3 OPP시트를 깐 트레이 위에 두께 1.5㎝ 사각막대 4개로 테두리를 만든 다음, **2**를 붓고 팔레트 나이프로 다듬는다.

4 냉장고에서 2시간 얼리고 도마 위에 올려, 가장자리를 잘라서 모양을 다듬는다. 반으로 자른 다음 1㎝ 깍둑썰기를 한다.

반건조 자몽

재료 11개 분량(만들기 편한 분량), 1개 사용(1접시)

자몽과육(화이트) …… 1개 분량
그래뉴당 …… 적당량

만드는 방법

1 자몽과육의 얇은 속껍질을 벗기고 키친타월로 물기를 뺀다.

2 그래뉴당을 넣은 볼에 **1**을 굴려서 과육 전체에 묻힌다.

3 건조기에 올려 중간에 앞뒤로 뒤집어주면서 하루 동안 말린다.

memo
- 보관할 때는 건조제와 함께 밀폐용기에 넣어 상온에서 보관한다. 3일 보관할 수 있다.

얼린 자몽

재료 3접시 분량(만들기 편한 분량), 지름 7㎝ 1개 사용(1접시)
자몽과육(화이트, 속껍질을 벗긴 것)…… 1개 분량

만드는 방법

1 자몽과육을 1쪽씩 두께의 반으로 슬라이스한다. OPP시트를 깐 오븐팬 위에 지름 15㎝, 높이 8㎝ 세르클틀을 놓고 그 속에 자몽을 깐다.

2 냉동실에서 1시간 얼리고 틀을 분리한다.

3 지름 7㎝ 세르클틀로 동그랗게 찍어낸다.

memo
- 2번째도 같은 방법으로 찍어내고, 3번째는 남은 자몽을 모두 지름 7㎝ 세르클틀 바닥에 깔고 다시 냉동실에 얼려서 만든다.
- 냉동실에서 5일 보관할 수 있다.

자몽 줄레

재료 지름 5㎝, 높이 2㎝ 세르클틀 6개 분량(만들기 편한 분량), 1개 사용(1접시)
A 자몽즙(화이트)…… 200g
　그래뉴당…… 40g
판젤라틴…… 2.4g
블루맬로…… 1.2g

만드는 방법

1 냄비에 **A**를 넣고 중불로 가열하여 끓기 시작하면 불에서 내린다. 얼음물(분량 외)에 불린 판젤라틴을 넣고 섞는다.

2 블루맬로를 넣고 섞은 다음, 랩을 밀착시켜서 덮고 20분 정도 뜸을 들인다.

3 체에 걸러서 볼에 담고 얼음물 위에 올려 10℃ 이하로 식힌 다음 계량컵에 옮긴다.

4 세르클틀로 만든 틀에 붓고 냉장고에서 2시간 식혀서 굳힌 다음 꺼내서 틀을 뺀다.

memo
- 세르클틀 바닥을 랩으로 감싸고 고무밴드로 고정시켜서 틀을 만든다.
- 냉동실에서 2일 보관할 수 있다.

민트 줄레

재료 6접시 분량(만들기 편한 분량), 20g 사용(1접시)

A ┌ 물 …… 140g 판젤라틴 …… 2g
  │ 그래뉴당 …… 20g 화이트럼 …… 20g
  │ 라임껍질(간 것) …… 6g
  │ 레몬그라스(신선한 것) …… 2g
  └ 스피어민트 …… 3g

memo
- 냉장고에서 3일 보관할 수 있다.

만드는 방법

1 냄비에 A를 넣고 중불로 가열한다.

2 불을 끄고 얼음물(분량 외)에 불린 판젤라틴을 넣어 섞는다.

3 체에 걸러서 볼에 담고 얼음물 위에 올려 30℃ 이하로 식힌다.

4 얼음물에서 꺼내 화이트럼을 섞는다. 냉장고에서 2시간 식혀서 굳힌다.

민트 거품

재료 20접시 분량(만들기 편한 분량), 1큰술 사용(1접시)

그래뉴당 …… 30g
대두레시틴파우더 …… 0.8g
물 …… 100g
스피어민트(굵게 다진 것) …… 8g

memo
- 냉동실에서 2주 보관할 수 있다.

준비

1 볼에 그래뉴당과 대두레시틴을 넣고 골고루 섞은 다음, 물 10g을 섞는다.

2 냄비에 1과 남은 물을 넣고 중불로 끓인다. 스피어민트를 넣고 랩을 밀착시켜서 덮은 다음, 냉장고에 하루 그대로 둔다.

만드는 방법

1 냉장고에서 꺼내 시누아로 거르고 주걱으로 눌러 짜서 컵에 담는다.

2 500W의 전자레인지에 30초 데운 다음 핸드블렌더로 거품을 낸다.

자몽 와라비모치에 가가보차 소르베를 조합하여 동서양의 융합이 참신한 디저트이다.
쫄깃쫄깃하고, 탱탱하며, 부드러운 식감이 재미있는데,
민트 줄레를 넣어 투명하고 산뜻한 맛으로 완성하였다.
블루맬로의 선명한 컬러와 차즈기 꽃이삭의 사랑스러움이 매혹적이다.

Sorbet à la pêche blanche et wasabi, parfumé au citron vert et à la vanille

라임과 바닐라향 백도 와사비 소르베

라임 무스, 프랑부아즈 튀일, 백도 라임 바닐라 콩피튀르,
프랑부아즈 백도 라임 바닐라 소스, 백도 마리네이드액, 백도 나파주,
백도 프랑부아즈 거품, 메이플슈거 바닐라 아이스크림,
바닐라 풍미의 크렘 샹티이, 와사비 설탕가루, 백도 와사비 소르베

플레이팅 디자인

- 차즈기 새싹
- 프랑부아즈 튀일
- 베고니아
- 백도 와사비 소르베
- 와사비 설탕가루
- 백도 프랑부아즈 거품
- 팽 드 젠
- 피튜니아
- 민트잎
- 바닐라 풍미의 크렘 샹티이
- 백도 라임 바닐라 콩피튀르
- 메이플슈거 바닐라 아이스크림
- 백도 나파주로 윤기를 낸 프랑부아즈
- 라임 무스
- 프랑부아즈 백도 라임 바닐라 소스
- 백도 마리네이드액으로 마리네이드한 백도

플레이팅의 기술

그릇 평평한 큰 접시(지름 30.5㎝)

재료 1인분

라임 무스······ 1개
백도 라임 바닐라 콩피튀르······ 20g
프랑부아즈······ 2개
팽 드 젠(p.17 참조)······ 10g
백도 마리네이드액······ 5g
백도(8mm 깍둑썰기)······ 1/8개 분량
프랑부아즈 백도 라임 바닐라 소스······ 20g
바닐라 풍미의 크렘 샹티이······ 20g
백도 나파주······ 5g

백도 프랑부아즈 거품······ 1큰술
프랑부아즈 튀일······ 4조각(한입크기)
메이플슈거 바닐라 아이스크림······ 15g
백도 와사비 소르베······ 4개
와사비 설탕가루······ 1g
베고니아······ 적당량
차즈기 새싹······ 적당량
피튜니아······ 적당량
민트잎······ 적당량

1 라임 무스를 4조각으로 잘라서 접시에 담고, 백도 라임 바닐라 콩피튀르를 올린다.

2 프랑부아즈를 올리고 팽 드 젠을 한입크기로 잘라서 올린다.

3 백도 마리네이드액으로 마리네이드한 백도를 올린다.

4 프랑부아즈 백도 라임 바닐라 소스로 점무늬를 그리고, 베고니아, 차즈기 새싹, 피튜니아, 민트잎을 장식한다.

5 바닐라 풍미의 크렘 샹티이를 작은 둥근 깍지 짤주머니에 넣어 짠다.

6 붓으로 백도 나파주를 프랑부아즈에 발라 윤기를 내고 접시에 점무늬를 그린다.

7 백도 프랑부아즈 거품을 올리고 프랑부아즈 튀일을 세워서 꽂는다.

8 아이스크림을 럭비공모양(크넬)으로 올리고 백도 와사비 소르베를 올린 다음, 와사비 설탕가루를 뿌린다.

라임 무스

재 료 지름 4.5cm 실리콘반구형틀 15개 분량(만들기 편한 분량), 1개 사용(1접시)

A 라임즙······63g 쇼콜라 블랑(카카오 36%)······125g
   라임껍질(간 것)······3g 생크림(유지방 35%, 70% 휘핑)······125g
달걀노른자······13g
판젤라틴······1.5g

만드는 방법

1 냄비에 **A**를 넣고 중불로 가열한다.

2 볼에 달걀노른자를 풀고 **1**을 조금씩 넣으면서 섞는다.

3 냄비에 옮기고 82℃까지 가열한 다음 불을 끈다. 얼음물(분량 외)에 불린 판젤라틴을 넣고 녹인다.

4 볼에 쇼콜라 블랑을 넣고 중탕으로 녹인다.

5 체에 거른 **3**을 **4**에 조금씩 넣고 핸드블렌더로 섞어서 유화시킨다.

6 얼음물 위에 올리고 저으면서 28℃까지 식힌다.

7 생크림을 섞는다.

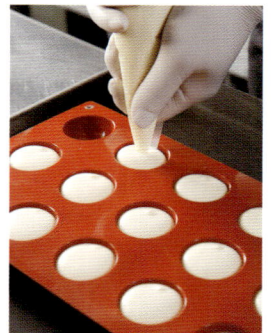

8 짤주머니에 넣어 지름 4.5cm 반구형틀에 짠다. 냉동실에서 3시간 식혀서 굳힌다.

memo
- 냉동실에서 10일 보관할 수 있다.

프랑부아즈 튀일

재료 30×30㎝ 오븐팬 1개 분량(만들기 편한 분량), 4조각(한입크기) 사용(1접시)
프랑부아즈 퓌레 …… 100g

만드는 방법 (사진량=재료의 2배)

memo
- 보관할 때는 건조제와 함께 밀폐 용기에 넣어 상온에서 보관한다. 7일 보관할 수 있다.

1 냄비에 프랑부아즈 퓌레를 넣고 살짝 걸쭉해질 때까지 중불로 졸인다.

2 실리콘베이킹시트를 깐 오븐팬에 얇게 펴고 댐퍼를 연 100℃ 오븐에서 3시간 굽는다.

3 오븐에서 꺼내 재빨리 시트를 떼어내고 한입크기로 자른다.

백도 라임 바닐라 콩피튀르

재료 15접시 분량(만들기 편한 분량), 20g 사용(1접시)
백도 …… 255g
A 그래뉴당 …… 43g
　트레할로스 …… 43g
　라임즙 …… 1/2개 분량
　라임껍질(간 것) …… 2.5g
　바닐라빈 …… 1/3개 분량

만드는 방법

1 백도는 뜨거운 물에 살짝 데쳐서 껍질을 벗기고 씨를 제거한다. 8㎜ 깍둑썰기를 한다.

2 냄비에 **1**과 **A**를 넣고 중불로 끓인 다음 약불로 줄인다. 거품을 걷어내면서 걸쭉해질 때까지 (Brix 40%) 졸인다.

memo
- 껍질과 씨는 나파주를 만들 때 사용하고, 졸이면서 생긴 시럽은 프랑부아즈 백도 라임 바닐라 소스, 백도 마리네이드액을 만들 때 사용한다.
- 냉장고에서 7일 보관할 수 있다.

프랑부아즈 백도 라임 바닐라 소스

재료 10접시 분량(만들기 편한 분량), 20g 사용(1접시)
프랑부아즈 퓌레 …… 75g
백도 라임 바닐라 콩피튀르 시럽(p.115 참조) …… 25g
옥수수전분가루 …… 4g

만드는 방법

1 냄비에 프랑부아즈 퓌레를 넣고 중불로 끓인다.

2 볼에 시럽을 넣고 옥수수전분가루를 섞는다.

3 2를 1에 넣고 중불로 걸쭉해질 때까지(Brix 50%) 졸인다.

4 볼에 옮기고 얼음물 위에 올려서 식힌다.

memo
- 냉장고에서 3일 보관할 수 있다.

백도 마리네이드액

재료 8접시 분량(만들기 편한 분량), 5g 사용(1접시)
백도 라임 바닐라 콩피튀르 시럽(p.115 참조) …… 적당량
화이트와인식초 …… 적당량

만드는 방법
콩피튀르 시럽의 맛을 보면서 화이트와인식초를 넣는데, 신맛이 은은하게 느껴지는 정도로 조절한다.

memo
- 냉장고에서 3일 보관할 수 있다.

백도 나파주

재료 15접시 분량(만들기 편한 분량), 5g 사용(1접시)

A 물 …… 112g
　그래뉴당 …… 18g
B 백도껍질 …… 1개 분량
　백도씨 …… 1개 분량
C HM펙틴 …… 2.75g
　그래뉴당 …… 2.5g(나중에 넣는다.)

준비 (사진량=재료의 2배)

1 냄비에 **A**를 넣고 중불로 가열한다.

2 볼에 **B**를 넣고 **1**을 부은 다음 랩을 밀착시켜서 덮는다. 냉장고에 하루 두어 향이 배게 한다. ⓐ

만드는 방법 (사진량=재료의 2배)

1 ⓐ를 체에 걸러서 다른 볼에 담고, 양이 145g이 되게 물(분량 외)을 넣어 맞춘다.

2 냄비에 옮겨 중불로 데운다.

3 볼에 **C**를 섞고 **2**를 먼저 조금 넣고 섞은 다음, 다시 **2**의 냄비에 옮긴다.

4 중불로 걸쭉해질 때까지(Brix 65%) 섞으면서 졸인다.

memo
- 백도껍질과 씨는 p.115 〈백도 라임 바닐라 콩피튀르〉를 만들 때 남은 것을 사용한다.
- 냉장고에서 3일 보관할 수 있다.

백도 프랑부아즈 거품

재료 12접시 분량(만들기 편한 분량), 1큰술 사용(1접시)

A 그래뉴당 …… 30g
  대두레시틴파우더 …… 1g
  물 …… 100g

백도 퓌레 …… 20g
프랑부아즈 퓌레 …… 20g
라임즙 …… 20g

memo
• 냉동실에서 2주 보관할 수 있다.

만드는 방법

1 볼에 **A**를 넣고 잘 섞는다.

2 냄비에 나머지 재료를 넣고 중불로 끓인다.

3 1에 2를 조금씩 넣으면서 섞는다.

4 컵에 옮겨 핸드블렌더로 거품을 낸다.

메이플슈거 바닐라 아이스크림

재료 25접시 분량(만들기 편한 분량), 15g 사용(1접시)

A 우유 …… 145g
  생크림(유지방 35%) …… 145g
  바닐라빈 …… 1/2개 분량
  그래뉴당 …… 50g

B 달걀노른자 …… 55g
  메이플슈거 …… 40g

준비

냄비에 **A**를 넣고 중불로 끓인 다음 불을 끈다. 핸드블렌더로 섞고 랩을 씌워서 냉장고에 하루 그대로 둔다. ⓐ

만드는 방법

1 ⓐ를 중불로 끓이고, 볼에 골고루 섞어둔 **B**에 조금씩 넣으면서 섞는다.

2 냄비에 옮겨 약불로 82℃까지 저으면서 가열한다.

3 체에 걸러서 볼에 담고 얼음물 위에 올려 10℃ 이하로 식힌다.

4 아이스크림기계에 넣고 돌리다가 공기가 들어가 하얗게 변하고, 칼날에 아이스크림이 달라붙을 정도가 되면 기계를 멈춘다.

memo
• 아이스크림액에 공기가 덜 들어가면 단단해질 수 있으므로 주의한다.
• 냉동실에서 2주 보관할 수 있다.

바닐라 풍미의 크렘 샹티이

재료 12접시 분량(만들기 편한 분량), 20g 사용(1접시)
생크림(유지방 35%) …… 125g
바닐라빈 …… 1/8개 분량
그래뉴당 …… 10g

만드는 방법

1 냄비에 생크림 100g, 바닐라빈을 넣고 중불로 끓인 다음 불을 끈다. 랩을 씌워 냉장고에 하루 그대로 둔다.

2 1을 체에 걸러서 볼에 담고, 남은 생크림과 그래뉴당을 넣어 80% 휘핑한다.

memo
• 냉장고에서 2일 보관할 수 있다.

와사비 설탕가루

재료 67g(만들기 편한 분량), 1g 사용(1접시)
와사비(신선한 것) …… 6g
라임껍질 …… 1g
그래뉴당 …… 60g

만드는 방법

1 와사비 표면을 깎아내고 강판에 갈아서 볼에 담는다.

2 다른 볼에 라임껍질을 갈아서 넣고, 1과 그래뉴당을 넣어 잘 섞는다.

3 베이킹시트를 깐 오븐팬에 넓게 펼쳐놓고 상온에서 1~2일 말린다.

4 푸드프로세서(중속)로 굵게 간다.

memo
• 보관할 때는 건조제와 함께 밀폐용기에 넣어 상온에서 보관한다. 10일 보관할 수 있다.

백도 와사비 소르베

재료 100개 분량(만들기 편한 분량), 4개 사용(1접시)

A 물······100g
　그래뉴당······60g

B 백도 퓌레······280g
　와사비(신선한 것, 간 것)······20g
　라임껍질(간 것)······3g
　엘더플라워 리큐어······8.4g

만드는 방법

1 냄비에 **A**를 넣고 중불로 끓여서 시럽을 만든다.

2 볼에 옮기고 얼음물 위에 올려서 한 김 식힌 다음, **B**를 섞고 10℃ 이하로 식힌다.

3 아이스크림기계에 넣고 돌리다가 공기가 들어가 하얗게 변하고, 칼날에 아이스크림이 달라붙을 정도가 되면 기계를 멈춘다.

4 OPP시트를 깐 작업대에 올리고 시트를 1장 더 덮어 약 1cm 두께로 민다.

5 냉동실에 2시간 얼린 다음 꺼내서 1cm 깍둑썰기를 한다.

memo

- 소르베액에 공기가 덜 들어가면 단단해질 수 있으므로 주의한다.
- 1cm 두께로 밀 때 양옆에 1cm 굵기의 사각막대를 놓고 밀면 쉽게 균일한 두께로 밀 수 있다.
- 냉동실에서 2주 보관할 수 있다.

섬세하고 매끄러운 식감과 은은한 단맛이 매력적인 백도를 화려하면서도 귀여운 디저트로 만들었다.
숨은 주인공은 와사비. 백도와 함께 소르베를 만들고, 설탕과 함께 파우더로 만들어서
백도의 부드러운 맛을 돋보이게 하였다. 민트와 식용꽃으로 장식하여
청량감이 가득하고 보다 선명한 색감으로 구성하였다.

Composition au chocolat
쇼콜라 콩포지시옹

루바브 레드와인 콩포트, 레드와인 풍미의 테린 쇼콜라,
청소엽 화이트와인 소르베, 크렘 브륄레 쇼콜라,
그랑마르니에 소르베, 카카오닙 설탕절임, 사과 캐러멜리제,
시부스트 쇼콜라, 비스퀴 쇼콜라 상 파린,
쇼콜라 크럼블, 청소엽 설탕가루

플레이팅 디자인

- 그래뉴당 캐러멜리제 아래는 시부스트 쇼콜라
- 청소엽 화이트와인 소르베
- 생크림
- 그랑마르니에 소르베
- 청소엽 설탕가루
- 레드와인 풍미의 테린 쇼콜라
- 루바브 레드와인 콩포트
- 크렘 브륄레 쇼콜라
- 사과 캐러멜리제
- 비스퀴 쇼콜라 상 파린
- 카카오닙 설탕절임
- 쇼콜라 크럼블
- 레드와인 풍미의 테린 쇼콜라
- 루바브 레드와인 콩포트

플레이팅의 기술

그 릇 샴페인글라스(지름 5cm, 깊이 12cm, 높이 22cm)

재 료 1인분

루바브 레드와인 콩포트 …… 30g	사과 캐러멜리제 …… 15g	시부스트 쇼콜라 …… 5g
레드와인 풍미의 테린 쇼콜라 …… 35g	크렘 브륄레 쇼콜라 …… 12g	청소엽 설탕가루 …… 2g
쇼콜라 크럼블 …… 10g	생크림(유지방 35%, 90% 휘핑) …… 100g	그래뉴당 …… 적당량
카카오닙 설탕절임 …… 3g	그랑마르니에 소르베 …… 15g	
비스퀴 쇼콜라 상 파린 …… 10g	청소엽 화이트와인 소르베 …… 20g	

1 샴페인글라스 바닥에 루바브 레드와인 콩포트를 조금 담는다.

2 둥근 깍지 짤주머니에 레드와인 풍미의 테린 쇼콜라를 넣고 1 위에 5g을 짠다.

3 쇼콜라 크럼블, 카카오닙 설탕절임, 비스퀴 쇼콜라 상 파린을 순서대로 층층이 담는다.

4 사과 캐러멜리제를 올린다.

5 크렘 브륄레 쇼콜라를 글라스 가장자리에 빈틈이 생기지 않게 올린다.

6 남은 루바브 레드와인 콩포트를 담는다.

7 둥근 깍지 짤주머니에 생크림을 넣고 가운데 부분을 비운 채 짜 넣는다.

8 그랑마르니에 소르베를 올리고 청소엽 화이트와인 소르베를 겹쳐서 올린다.

9 글라스 높이까지 남은 레드와인 풍미의 테린 쇼콜라를 채우고, 팔레트나이프로 윗면을 다듬는다.

10 시부스트 쇼콜라를 표면에 얇게 바른다.

11 그래뉴당을 표면 전체에 살짝 뿌리고 토치로 그슬린 다음, 청소엽 설탕가루를 올린다.

memo
- 반드시 내열 글라스를 사용한다. 토치로 오래 그슬리면 유리가 깨질 수 있으므로 주의한다.

루바브 레드와인 콩포트

재 료 10접시 분량(만들기 편한 분량), 30g 사용(1접시)
루바브(냉동한 것도 가능, 2cm 깍둑썰기) …… 100g
삼온당 …… 30g
그래뉴당 …… 20g
오렌지(둥글게 썰기) …… 1/4개 분량
레드와인 …… 300g
레몬즙 …… 10g

만드는 방법

1 냄비에 레몬즙 이외의 재료를 넣고, 20% 정도 졸아들어 살짝 걸쭉해질 때까지 중불로 끓인다.

2 얼음물 위에 올리고 저으면서 식힌 다음, 레몬즙을 넣어 맛을 조절한다.

memo
- 오렌지는 가열할 때 뭉개지지 않도록 큰 것은 1~1.5cm 두께로 슬라이스한다.
- 타기 쉬우므로 고무주걱으로 중간중간 저으면서 끓인다.
- 냉장고에서 3일 보관할 수 있다.

캐러멜

재 료 10접시 분량(만들기 편한 분량), 45g 사용
물 …… 20g
그래뉴당 …… 73g
물엿 …… 93g
소금 …… 2g
생크림(유지방 35%) …… 228g

만드는 방법

memo
- **1**이 연갈색이 될 때쯤 동시에 **2**가 끓어오르게 시간을 조절하면 작업하기 편하다.
- 냉동실에서 2주 보관할 수 있다.

1 냄비에 물, 그래뉴당, 물엿, 소금을 넣고 중불로 연갈색이 날 때까지 가열한다.

2 다른 냄비에 생크림을 넣어 끓인 다음, **1**에 넣고 섞으면서 102℃까지 가열한다.

3 핸드블렌더로 섞어서 볼에 옮기고, 얼음물 위에 올려 저으면서 식힌다.

레드와인 풍미의 테린 쇼콜라

재료 16접시 분량(만들기 편한 분량), 35g 사용(1접시)

쇼콜라 누아르(카카오 56%) …… 25g	**A** 카카오파우더 …… 5g	레드와인 …… 75g
쇼콜라 누아르(카카오 72%) …… 25g	그래뉴당 …… 50g	달걀노른자 …… 40g
쇼콜라 누아르(카카오 64%) …… 20g	**B** 생크림(유지방 35%) …… 100g	시나몬파우더 …… 적당량
쇼콜라 오 레(카카오 40%) …… 20g	버터 …… 20g	아니스파우더 …… 적당량
	소금 …… 1g	
	캐러멜(p.124 참조) …… 45g	

만드는 방법

1 볼에 4종류의 쇼콜라를 넣고 중탕으로 녹인다.

2 **A**를 잘 섞어서 **1**에 넣고 덩어리가 없어질 때까지 섞은 다음, 다시 중탕으로 데운다.

3 냄비에 **B**를 넣고 중불로 끓기 직전까지 끓이다가 **2**에 섞는다.

  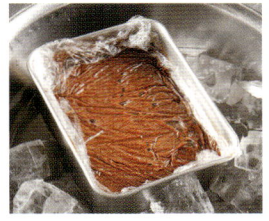

4 나머지 재료를 넣고 다시 핸드블렌더로 섞어서 유화시킨다.

5 시누아로 걸러서 속이 깊은 트레이에 담은 다음, 스팀기능이 있는 75℃ 오븐에서 20~30분 굽는다.

6 오븐에서 꺼내 내용물에 랩을 밀착시켜서 덮고, 얼음물 위에 올려서 식힌다. 냉장고에서 반나절 동안 식혀서 굳힌다.

memo
- 핸드블렌더로 섞기 전 나머지 재료를 넣었을 때 온도가 내려가면, 중탕으로 40~45℃까지 데운다.
- 반죽 표면에 탄력이 생기고 흔들었을 때 살짝 흔들리는 정도가 되면 굽기 완성.
- 플레이팅하기 전에 고무주걱으로 전체를 골고루 섞는다.
- 냉장고에서 3일 보관할 수 있다.

청소엽 화이트와인 소르베

재료 10접시 분량(만들기 편한 분량), 20g 사용(1접시)

물 …… 100g	청소엽(곱게 다진 것) …… 5장 분량
그래뉴당 …… 30g	화이트와인 …… 90g

준비

냄비에 물과 그래뉴당을 넣고 중불로 끓인 다음 불을 끈다. 청소엽을 넣고 랩을 씌워 냉장고에 하루 그대로 둔다. ⓐ

만드는 방법

1 ⓐ에 화이트와인을 섞는다.

2 아이스크림기계에 넣고 돌리다가 공기가 들어가 하얗게 변하고, 칼날에 아이스크림이 달라붙을 정도가 되면 기계를 멈춘다.

memo
- 소르베액에 공기가 덜 들어가면 단단해질 수 있으므로 주의한다.
- 냉동실에서 2주 보관할 수 있다.

크렘 브륄레 쇼콜라

재료 16접시 분량(만들기 편한 분량), 12g 사용(1접시)
쇼콜라 누아르(카카오 68%) ······ 50g
카카오파우더 ······ 1g
그래뉴당 ······ 4g
옥수수전분가루 ······ 4g
우유(찬 것) ······ 112g
생크림(유지방 35%) ······ 67g
달걀노른자 ······ 37.5g

만드는 방법

1 볼에 쇼콜라를 넣고 중탕으로 녹인 다음, 카카오파우더를 넣고 덩어리지지 않게 골고루 섞는다.

2 다른 볼에 그래뉴당과 옥수수전분가루를 잘 섞은 다음, 먼저 차가운 우유를 조금 넣고 골고루 섞는다.

3 냄비에 남은 우유와 생크림을 넣고 끓이다가 **2**를 넣고 중불로 저으면서 가열한 다음, **1**에 넣고 섞는다.

4 달걀노른자를 넣고 고무주걱으로 섞은 다음, 다시 핸드블렌더로 섞는다.

5 시누아로 걸러서 깊은 트레이에 담고, 스팀 기능이 있는 94℃ 오븐에서 15분 정도 굽는다.

6 표면에 랩을 밀착시키고 상온에서 식힌다. 냉장고에서 3시간 식혀서 굳힌다.

memo
- 타기 쉬우므로 고무주걱으로 계속 저으면서 가열한다.
- 반죽 표면에 탄력이 생기고 흔들었을 때 살짝 흔들리는 정도가 되면 굽기 완성.
- 플레이팅하기 전에 고무주걱으로 전체를 골고루 섞는다.
- 냉장고에서 3일 보관할 수 있다.

그랑마르니에 소르베

재료 15접시 분량(만들기 편한 분량), 15g 사용(1접시)
물 ······ 100g
그래뉴당 ······ 50g
오렌지 퓌레 ······ 26.7g
그랑마르니에 ······ 16.7g

만드는 방법

1 냄비에 물과 그래뉴당을 넣고 중불로 끓인 다음 불에서 내린다. 오렌지 퓌레를 넣어 섞는다.

2 얼음물 위에 올려서 30℃ 이하로 식히고 그랑마르니에를 섞는다. 다시 저으면서 10℃ 이하로 식힌다.

3 아이스크림기계에 넣고 돌리다가 공기가 들어가 하얗게 변하고, 칼날에 아이스크림이 달라붙을 정도가 되면 기계를 멈춘다.

memo
- 소르베액에 공기가 덜 들어가면 단단해질 수 있으므로 주의한다.
- 냉동실에서 2주 보관할 수 있다.

카카오닙 설탕절임

재료 10접시 분량(만들기 편한 분량), 3g 사용(1접시)
물 …… 9g
그래뉴당 …… 20g
카카오닙 …… 25g

만드는 방법 (사진량=재료의 2배)

memo
- 보관할 때는 건조제와 함께 밀폐 용기에 넣어 상온에서 보관한다. 7일 보관할 수 있다.

1 큰 냄비에 물과 그래뉴당을 넣고 중불로 118℃까지 끓인 다음 불을 끈다.

2 카카오닙을 넣는다. 다시 결정이 생겨 하얗게 보슬보슬한 상태가 될 때까지 나무주걱으로 바닥부터 뒤집듯이 천천히 섞는다.

3 오븐팬에 넓게 펴고 상온에서 식힌다.

사과 캐러멜리제

재료 10접시 분량(만들기 편한 분량), 15g 사용(1접시)
사과(중간크기, 껍질 제거, 1cm 깍둑썰기) …… 1개 분량
삼온당 …… 33g
그래뉴당 …… 6.7g
시나몬파우더 …… 적당량

만드는 방법

memo
- 사과를 캐러멜에 넣을 때 온도가 갑자기 내려가 단단하게 굳지 않도록 사과를 따뜻하게 데운다.
- 냉장고에서 3일 보관할 수 있다.

1 내열볼에 사과를 넣고 500W 전자레인지에 2분 데운다.

2 냄비에 삼온당과 그래뉴당을 넣고 중불로 가열하여, 진갈색 캐러멜을 만든 다음 불을 끈다.

3 1을 섞고 다시 약불~중불로 사과가 진갈색이 되고 부드러워질 때까지 가열한 다음, 시나몬으로 맛을 조절한다.

시부스트 쇼콜라

재료 10접시 분량(만들기 편한 분량), 5g 사용(1접시)
이탈리안 머랭(p.63 참조) …… 25g
크렘 브륄레 쇼콜라(p.126 참조) …… 25g

만드는 방법

1 p.63을 참조하여 이탈리안 머랭을 만든다.

2 볼에 **1**과 크렘 브륄레 쇼콜라를 1:1 비율로 섞는다.

memo
• 냉장고에서 1일 보관할 수 있다.

비스퀴 쇼콜라 상 파린

재료 30×30㎝ 오븐팬 1개 분량(만들기 편한 분량), 10g 사용(1접시)
쇼콜라 누아르(카카오 64%) …… 60g
버터 …… 40g
카카오파우더 …… 10g
그래뉴당 …… 15g
생크림(유지방 35%) …… 60g
달걀 …… 60g

만드는 방법 (사진량 = 재료의 2배)

1 내열볼에 쇼콜라와 버터를 넣고, 500W 전자레인지에 10~15초씩 몇 번 돌린 다음 섞어서 녹인다.

2 카카오파우더를 섞고 그래뉴당을 넣어 덩어리가 없어질 때까지 섞는다.

3 냄비에 생크림을 넣고 가열한 다음 **2**를 넣는다. 달걀을 넣고 핸드블렌더로 섞는다.

4 베이킹시트를 깐 오븐팬에 평평하게 펴고, 댐퍼를 닫은 160℃ 오븐에서 15~20분 굽는다.

5 오븐에서 꺼내 오븐팬을 빼고 식힘망에 올려 한 김 식힌다. 냉동실에서 2시간 식혀서 굳힌다.

6 냉동실에서 꺼내 베이킹시트를 떼내고 적당한 크기로 잘라 푸드프로세서(고속)로 굵게 간다.

memo
• 냉동실에서 3주 보관할 수 있다.

쇼콜라 크럼블

재료 40접시 분량(만들기 편한 분량), 10g 사용(1접시)

쇼콜라 누아르(카카오 56%) …… 10g
생크림(유지방 35%) …… 20g
달걀 …… 12g
우유 …… 14g

A ┃ 버터 …… 55g
　┃ 발효버터 …… 55g
　┃ 소금 …… 0.6g
　┃ 그래뉴당 …… 68g

B ┃ 박력분 …… 100g
　┃ 강력분 …… 75g
　┃ 카카오파우더 …… 30g
　┃ 푀양틴(사블레 플레이크) …… 60g
　┃ 카카오버터 …… 구운 후 반죽의 1/3 분량

준비

1 내열볼에 쇼콜라를 넣고, 500W 전자레인지에 10~15초씩 몇 번 가열해서 섞는다. 녹으면 끓인 생크림을 섞는다.

2 달걀을 섞고 여기에 우유를 섞은 다음, 35℃ 이하로 만든다.

3 믹서볼에 **A**를 넣고 버터가 덩어리지지 않고 부드러워질 때까지 믹서(저속)로 섞는다.

4 3에 그래뉴당을 넣고 다시 믹서(저속)로 섞고, **2**를 조금씩 넣으면서 섞어 유화시킨다.

5 섞어서 체친 **B**를 넣고 가루느낌이 없어질 때까지 믹서(저속)로 섞는다.

6 푀양틴을 넣고 믹서(저속)로 전체를 골고루 섞는다.

7 랩 위에 올려 평평하게 만든 다음 싸서, 냉장고에 하룻밤 그대로 둔다.

만드는 방법

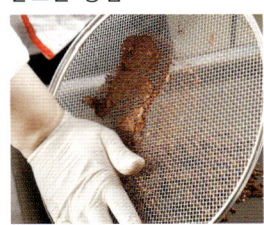

1 냉장고에서 꺼내 굵은 체에 올리고 누르면서 오븐팬에 내린다.

2 표면이 단단해질 때까지 냉동실에서 10~15분 식힌 다음, 꺼내서 손으로 반죽을 풀어놓는다.

3 댐퍼를 연 160℃ 오븐에서 20분 정도 굽는다.

4 오븐에서 꺼내 팔레트나이프로 고슬고슬하게 흩어놓는다.

5 댐퍼를 연 160℃ 오븐에서 15~20분 굽는다.

6 5를 계량하여 카카오버터를 그 양의 1/3을 준비한 다음, 500W 전자레인지에 10~15초씩 몇 번 가열하여 섞는다. 녹으면 **5**를 섞는다.

7 베이킹시트를 깐 오븐팬 위에 넓게 펴고, 냉장고에서 1시간 식혀서 굳힌다.

memo
- 믹서는 비터를 끼워서 사용한다.
- 쇼콜라는 중탕으로 녹여도 좋다.
- 카카오버터를 섞으면 유분 막이 생겨서, 나중에 식은 다음에 사용할 때도 반죽이 눅눅해지지 않는다.
- 굽기 전 반죽은 냉동실에서 3주, 구운 후 반죽은 건조제와 함께 밀폐용기에 넣어 상온에서 7일 보관할 수 있다.

청소엽 설탕가루

재 료 7접시 분량(만들기 편한 분량), 2g 사용(1접시)
청소엽 …… 5g
달걀흰자 …… 2.5g
그래뉴당 …… 10g

만드는 방법 (사진량 = 재료의 2배)

1 청소엽 줄기는 떼고 앞뒷면에 풀어놓은 달걀흰자를 바른다.

2 앞뒷면에 그래뉴당을 골고루 묻힌다.

3 베이킹시트 위에 올리고, 습도가 낮은 서늘한 곳에서 중간에 앞뒤로 뒤집어주면서 2일 건조시킨다. ⓐ

4 푸드프로세서에 ⓐ를 넣고 고속으로 굵게 간다.

memo
- 보관할 때는 건조제와 함께 밀폐 용기에 넣어 상온에서 보관한다. 7일 보관할 수 있다.

진한 쇼콜라로 테린과 크렘 브륄레를 만들고,
청소엽 화이트와인 소르베, 루바브 레드와인 콩포트,
사과 캐러멜리제 등을 서로 켜켜이 쌓아서 만든 디저트.
층마다 다른 맛을 즐기면서 이들의 조화로 생겨난 새로운 풍미도 즐기는,
하나로 표현되는 전체의 깊은 맛을 느낄 수 있다.

Mangue et chocolat, saveur tropicale
트로피칼풍 망고 쇼콜라

코코넛 아이스크림, 망고 콩피튀르,
코코넛오일 파우더, 망고 크림, 카다이프,
망고형 쇼콜라 블랑 몰드, 코코넛 무스,
망고 설탕절임, 망고 프랑부아즈 소스

플레이팅 디자인

- 망고형 쇼콜라 블랑 몰드
- 민트잎
- 서양톱풀잎
- 카다이프
- 코코넛오일 파우더
- 망고 프랑부아즈 소스
- 코코넛 아이스크림
- 마리골드 꽃잎
- 굵게 자른 피스타치오
- 다진 피스타치오
- 망고스틴
- 코코넛무스 옆에는 망고 프랑부아즈 소스
- 생크림
- 망고 설탕절임
- 망고

플레이팅의 기술

그릇 평평한 큰 접시(지름 30.5cm)

재료 1인분

망고(띠모양으로 자른 것) ····· 3조각
망고형 쇼콜라 블랑 몰드 ····· 1개
망고스틴 ····· 3개
코코넛 무스 ····· 4개
망고 설탕절임 ····· 5g
망고 프랑부아즈 소스 ····· 20g

카다이프 ····· 10g
생크림(유지방 35%, 90% 휘핑) ····· 10g
코코넛오일 파우더 ····· 1g
코코넛 아이스크림(코코넛 무스로 코팅하고 카카오파우더를 입혀 2등분한 것, p.139 참조) ····· 3개

피스타치오(굵게 자른 것, 다진 것) ····· 적당량
민트잎 ····· 적당량
서양톱풀잎 ····· 적당량
마리골드 꽃잎 ····· 적당량

1 띠모양의 망고를 돌돌 말아서 각각 모양을 잡아 접시에 세운다. 망고형 쇼콜라 블랑 몰드를 올린다.

2 껍질 벗긴 망고스틴을 담고 코코넛 무스를 올린다.

3 굵게 자른 피스타치오를 올리고, 잘게 다진 피스타치오를 둥글게 뿌린다.

4 망고 설탕절임을 올린다.

5 망고 프랑부아즈 소스로 점무늬를 그리고 카다이프를 올린다.

6 민트잎을 장식하고 둥근 깍지 짤주머니에 생크림을 넣고 짠다.

7 서양톱풀잎을 장식하고 코코넛오일 파우더를 뿌린다.

8 마리골드 꽃잎을 장식하고 코코넛 아이스크림을 올린다.

코코넛 아이스크림

재 료 지름 21㎜ 45개(만들기 편한 분량), 2개 사용
무지방우유 …… 500g   그래뉴당 …… 70g
코코넛 파인 …… 100g   코코넛 리큐어 …… 12.5g

만드는 방법

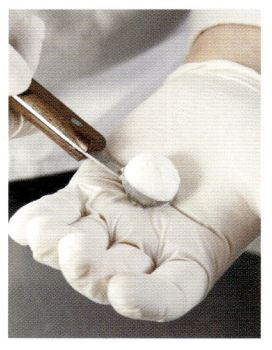

p.35 〈코코넛 아이스크림〉을 참조하여 아이스크림을 만들고, 지름 21㎜ 과일 볼러로 떠서 냉동실에 넣고 1시간 얼려서 굳힌다.

memo
- 아이스크림액에 공기가 덜 들어가면 단단해질 수 있으므로 주의한다.
- p.138 〈코코넛 무스〉를 만든 다음, 냉동실에서 코코넛 아이스크림을 꺼내 코코넛 무스 만드는 방법 **9, 10, 14**의 작업을 한다.
- 냉동실에서 7일 보관할 수 있다.

망고 콩피튀르

재 료 15개 분량(만들기 편한 분량), 8g 사용
망고(5㎜ 깍둑썰기) …… 60g   패션프루트 퓌레 …… 30g
망고 퓌레 …… 130g   그래뉴당 …… 10g
망고(반건조, 5㎜ 깍둑썰기) …… 20g   화이트럼 …… 25g

만드는 방법

1 냄비에 화이트럼 이외의 재료를 모두 넣고 중불로 가열한다.

2 끓으면 약불로 줄여 걸쭉해질 때까지(Brix 50%) 저으면서 가열한다.

3 핸드블렌더로 알갱이가 남아 있을 정도로 간다.

4 볼에 옮기고 얼음물 위에 올려서 식힌다. 얼음물에서 꺼내 화이트럼을 섞는다.

memo
- 냉동실에서 2주 보관할 수 있다.

코코넛오일 파우더

재 료 8~10접시 분량(만들기 편한 분량), 1g 사용(1접시)
코코넛오일 …… 15g
슈거파우더 …… 1g
말토섹 …… 10g

만 드 는 방 법
볼에 코코넛오일을 넣고,
슈거파우더와 말토섹을 넣어 보슬보슬해질 때까지 섞는다.

memo
- 액체 코코넛오일이 단단해졌을 경우, 500W 전자레인지에 몇 초씩 몇 번 돌려서 녹인다.
- 냉장고에서 7일 보관할 수 있다.

망고 크림

재 료 8개 분량(만들기 편한 분량), 30g 사용
망고 퓌레 …… 150g   A 사워크림 …… 30g
그래뉴당 …… 2g   생크림(생크림 35%, 70% 휘핑) …… 40g
판젤라틴 …… 1.5g   코코넛 리큐어 …… 4g

만드는 방법

1 냄비에 망고 퓌레를 넣고 중불로 졸인다.

2 불을 끄고 그래뉴당과 물(분량 외)에 불린 판젤라틴을 넣어 섞는다. 얼음물 위에 올려서 30℃로 식힌다.

3 미리 섞어둔 **A**를 넣고 골고루 섞은 다음 코코넛 리큐어를 섞는다. 냉장고에서 3시간 식혀서 굳힌다.

4 냉장고에서 꺼내 고무주걱으로 풀어서 크림상태를 만든다.

memo
- 냉장고에서 2일 보관할 수 있다.

카다이프

재료 5접시 분량(만들기 편한 분량), 10g 사용(1접시)
물······60g
그래뉴당······60g
버터······30g
카다이프······50g

만드는 방법

1 냄비에 물, 그래뉴당, 버터를 넣고 중불로 끓여 시럽을 만든다.

2 얼음물 위에 올려서 버터가 굳지 않게 40℃로 식힌다.

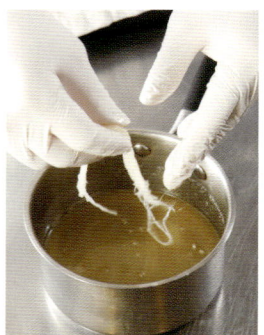

3 카다이프를 넣고 묻혀서 평평하게 편다.

4 키친타월 위에 넓게 펴서 여분의 시럽을 제거한다.

5 베이킹시트를 깐 오븐팬 위에 옮기고, 댐퍼를 연 170℃ 오븐에서 노릇해질 때까지 8분 정도 굽는다.

memo
- 상온에서 2일 보관할 수 있다.

망고형 쇼콜라 블랑 몰드

재료 5.5×3.8cm 초콜릿 몰드틀(달걀모양) 8개 분량(만들기 편한 분량), 1개 사용(1접시)
쇼콜라 블랑(카카오 36%, 알갱이 또는 누에콩모양)······200g
A 망고 크림(p.135 참조)······30g
　 망코 콩피튀르(p.134 참조)······8g
카카오버터······적당량
초콜릿용 색소(빨간색, 노란색)······적당량

준비

1 내열볼에 쇼콜라 1/2을 넣고 500W 전자레인지에 30초씩 몇 번 돌려 녹인 다음, 바닥까지 골고루 섞는다.

2 완전히 녹으면 500W 전자레인지에 30초씩 몇 번 돌려서 46℃까지 데운다.

3 남은 쇼콜라를 넣고 공기가 많이 들어가지 않도록 주의하면서, 알갱이가 남지 않게 완전히 섞는다. (템퍼링 완료)

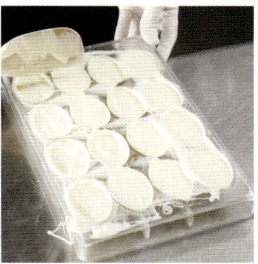

4 카카오버터를 녹여서 틀에 부었다가 키친타월로 살짝 닦아낸다. 3을 붓고 고무주걱으로 다듬는다.

5 4를 작업대에 몇 번 살짝 내리쳐서 공기를 뺀다.

6 틀을 수직으로 세워서 쇼콜라를 따라낸다.

7 틀을 뒤집어 가볍게 두드려서 여분의 쇼콜라도 따라내고, 이를 다시 2개의 사각막대 위에 거꾸로 올려서 흘러내리는 쇼콜라를 모두 떨어뜨린다.

8 틀 밖으로 넘친 쇼콜라를 스크레이퍼로 긁어내고 18~23℃에서 하루 굳힌다.

만드는 방법

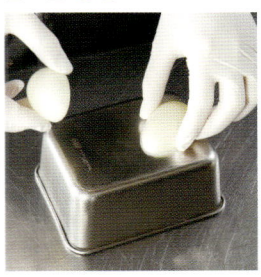

1 틀을 뒤집어 살짝 두드려서 쇼콜라를 떼어낸다. 버너로 달군 트레이에 쇼콜라 가장자리를 살짝 대서 조금 녹인다.

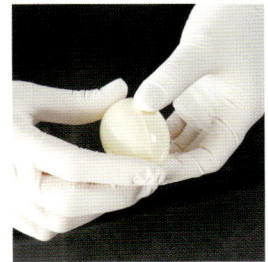

2 다른 1개의 쇼콜라도 같은 방법으로 녹여 2개의 쇼콜라를 서로 맞닿게 붙인다.

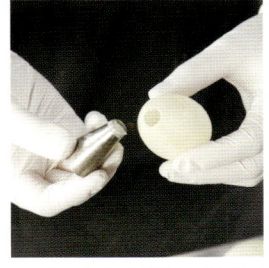

3 둥근 깍지 끝부분을 버너로 달군 다음, 쇼콜라 아랫부분을 녹여 작은 구멍을 낸다.

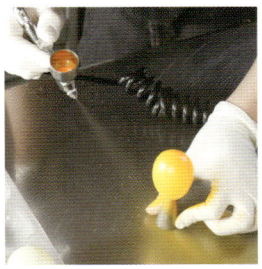

4 3을 깍지에 끼워서 작업대 위에 세우고, 에어브러시로 초콜릿용 색소(노란색)를 뿌린다.

5 에어브러시로 망고처럼 보이게 초콜릿용 색소(빨간색)를 뿌린 다음, 냉장고에서 3분 식혀서 굳힌다.

6 2개의 짤주머니에 A를 각각 넣고 3에서 만든 구멍에 콩피튀르 → 크림 순서로 끝까지 채워 넣는다.

7 틀에 세워 냉장고에서 2시간 식혀서 굳힌다.

memo
- 냉장고에서 5일 보관할 수 있다.
- 템퍼링할 때 쇼콜라가 녹으면 반드시 온도를 재서 26℃ 이하일 경우에는 500W 전자레인지에 5초 간격으로 가열하여 30℃까지 올린다. 단, 나머지 쇼콜라를 넣은 다음에는 30℃ 이상 올라가지 않도록 주의한다.
- 초콜릿용 색소는 에어브러시를 사용하여 그라데이션으로 뿌린다. 솔이나 붓 등을 사용하여 색깔을 내도 좋다.

코코넛 무스

재 료 60개 분량(만들기 편한 분량), 4개 사용(1접시)

코코넛 퓌레 …… 60g
달걀노른자 …… 7.5g
쇼콜라 블랑(카카오 36%) …… 24g
판젤라틴 …… 2.5g
코코넛 리큐어 …… 7.5g
사워크림 …… 18g
생크림(유지방 35%, 70% 휘핑) …… 60g
코코넛 아이스크림(p.134 참조) …… 2개
카카오파우더 …… 200g
아몬드 …… 1개(성형용)

만드는 방법

1 냄비에 코코넛 퓌레를 넣고 중불로 끓인 다음, 볼에 풀어놓은 달걀노른자에 조금씩 넣으면서 섞는다.

2 다시 냄비에 옮기고 중불로 82℃까지 가열한다.

3 쇼콜라를 중탕으로 녹인다.

4 2를 시누아로 걸러서 3에 넣는다.

5 얼음물(분량 외)에 넣고 불린 판젤라틴을 섞으면서 녹인다.

6 핸드블렌더로 섞어서 유화시킨다.

7 얼음물 위에 올려서 33℃까지 섞으면서 식힌다.

8 코코넛 리큐어, 사워크림, 생크림을 섞어서 무스를 만든다.

9 이쑤시개로 코코넛 아이스크림을 꽂아서 **8**에 담근다.

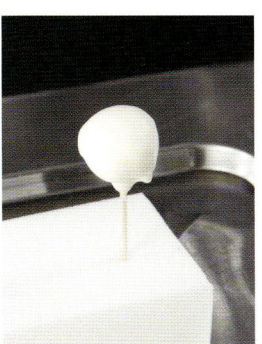
10 스티로폼판에 꽂고 냉동실에서 1시간 정도 얼린다.

11 카카오파우더를 보관용기에 담고 아몬드를 이쑤시개에 꽂아서 찍어 틀을 만든다.

12 **9**의 남은 무스를 짤주머니에 넣고 **11**에 짠다. 냉동실에 넣어 1시간 얼려서 굳힌다.

13 냉동실에서 **12**를 꺼내 주변의 카카오파우더를 묻힌다.

14 볼에 카카오파우더를 넣고, 냉동실에서 꺼낸 **10**에서 이쑤시개를 제거한 다음 카카오파우더를 묻힌다.

memo
- 플레이팅할 때는 아몬드모양의 코코넛 무스 4개, 반으로 자른 코코넛 아이스크림 3개를 한 접시에 올린다. 코코넛 아이스크림을 코팅할 때 사용하는 코코넛 무스의 양은 약 5g이다.
- 여기에서는 6×22㎝, 높이 3㎝ 보관용기에 카카오파우더를 담아 틀을 만들었다.
- 냉동실에서 2주 보관할 수 있다.

망고 설탕절임

재료 8~10접시 분량(만들기 편한 분량), 5g 사용(1접시)
물 …… 10g
그래뉴당 …… 50g
망고(반건조, 5㎜ 깍둑썰기) …… 50g

만드는 방법

1 냄비에 물과 그래뉴당을 넣고 중불로 116℃까지 가열한 다음 불을 끈다.

2 망고를 넣어 하얀 결정이 생기고 보슬보슬해질 때까지 나무주걱으로 섞는다.

3 트레이에 넓게 펴서 식힌다.

memo
- 보관할 때는 건조제와 함께 밀폐용기에 넣어 상온에서 보관한다. 7일 보관할 수 있다.

망고 프랑부아즈 소스

재료 8~10접시 분량(만들기 편한 분량), 20g 사용(1접시)
망고 퓌레 …… 60g
프랑부아즈 퓌레 …… 20g
코코넛 퓌레 …… 25g
그래뉴당 …… 15g

만드는 방법

1 냄비에 모든 재료를 넣고 중불로 걸쭉해질 때까지(Brix 50%) 가열한다.

2 볼에 옮기고 얼음물 위에 올려서 식힌다.

memo
- 냉장고에서 3일 보관할 수 있다.

망고와 코코넛이라는 기본 조합을 응용하여,
망고처럼 보이는 쇼콜라 몰드가 인상적인 디저트이다.
몰드를 자르면 망고 콩피튀르와 크림이 묵직하게 흘러나온다.
구성요소마다 재료 원래의 모양을 생각하게 하는
재미도 더해서 열대 분위기를 연출하였다.

Combinaison de raisin et lait fermenté

포도 발효유 콤비네이션

꿀 무스, 건포도 화이트와인절임,
포도 콩포트, 시가르, 발효유,
발효유 튀일, 발효유 크림,
팽 오 미엘, 팽 오 미엘 시럽절임, 미드 사바용

플레이팅 디자인

- 포도 콩포트
- 아마란스잎
- 샤인머스캣
- 발효유 튀일
- 팽 오 미엘 시럽절임
- 미드 사바용
- 포도
- 건포도 화이트와인절임
- 발효유 크림
- 시가르
- 꿀 무스

플레이팅의 기술

그릇 평평한 큰 접시(지름 30.5cm)

재 료 1인분
꿀 무스 …… 1개(1×8cm)
시가르 …… 2개
발효유 크림 …… 15g
건포도 화이트와인절임 …… 6알
포도 콩포트 …… 2알
미드 사바용 …… 10g
팽 오 미엘 시럽절임 …… 4개
샤인머스캣(2mm 슬라이스) …… 2알 분량
포도(씨 제거, 2mm 슬라이스) …… 2알 분량
발효유 튀일 …… 3장
아마란스잎 …… 적당량

1 접시에 꿀 무스를 조금 휘어지게 놓는다.

2 시가르를 1의 곡선을 따라 놓는다.

3 둥근 깍지 짤주머니에 발효유 크림을 넣고 시가르 속에 짠다.

4 건포도 화이트와인절임과 포도 콩포트를 올린다.

5 미드 사바용을 뿌리고 접시에 점무늬를 그린다.

6 팽 오 미엘 시럽절임을 군데군데 올린다.

7 샤인머스캣과 포도를 겹쳐서 얹는다.

8 발효유 튀일을 올리고, 아마란스잎을 장식한다.

꿀 무스

재료 12×12㎝, 높이 5㎝ 사각틀 1개 분량(만들기 편한 분량), 1×8㎝ 1개 사용(1접시)

우유 …… 45g
꿀 …… 25g
달걀노른자 …… 18g
판젤라틴 …… 2g
쇼콜라 블랑(카카오 36%) …… 30g
생크림(유지방 35%, 70% 휘핑) …… 107.5g

만드는 방법 (사진량=재료의 2배)

1 냄비에 우유와 꿀을 넣고 중불로 가열한다.

2 볼에 달걀노른자를 풀고 **1**을 조금씩 넣으면서 섞는다.

3 다시 **2**를 냄비에 옮기고 중불에 올려 저으면서 82℃까지 가열한다.

4 불을 끄고 얼음물(분량 외)에 불린 판젤라틴을 섞은 다음, 시누아로 걸러서 볼에 담는다.

5 다른 볼에 쇼콜라 블랑을 넣고 중탕으로 녹인 다음 **4**를 넣는다. 핸드블랜더로 섞어서 유화시킨다.

6 얼음물 위에 올려서 32℃까지 식힌다.

7 생크림을 섞고 12×12㎝ 틀에 1㎝ 높이로 부어 평평하게 다듬는다.

8 냉동실에서 2시간 굳힌 다음, 꺼내서 틀을 빼고 1×8㎝ 막대모양으로 자른다.

memo
- 냉동실에서 3일 보관할 수 있다.

건포도 화이트와인절임

재료 5접시 분량(만들기 편한 분량), 6알 사용(1접시)

A 건포도 …… 50g
   바닐라빈 …… 1/3개 분량
   레몬(1㎝ 슬라이스) …… 1장
화이트와인 …… 50g

만드는 방법
깨끗하게 소독한 용기에 **A**를 넣고 화이트와인을 붓는다. 냉장고에서 3일 이상 그대로 둔다.

memo
- 냉장고에서 7일 보관할 수 있다.

포도 콩포트

재료 5접시 분량(만들기 편한 분량), 2알 사용(1접시)
포도(씨 제거, 데쳐서 껍질 제거) …… 10알
물 …… 100g
화이트와인 …… 100g
그래뉴당 …… 30g
오렌지(1cm 슬라이스) …… 1장

만드는 방법
냄비에 모든 재료를 넣고 중불로 끓인 다음,
랩을 씌워 냉장고에 하루 그대로 둔다.

memo
- 포도는 거봉이나 나가노퍼플 등 껍질이 붉은 것을 준비한다.
- 냉장고에서 5일 보관할 수 있다.

시가르

재료 지름 2.7cm, 높이 5cm 틀 20개 분량(만들기 편한 분량), 2개 사용(1접시)
달걀흰자 …… 55g
슈거파우더 …… 90g
박력분 …… 54g
버터 …… 54g

만드는 방법

1 볼에 달걀흰자와 슈거파우더를 섞는다.

2 박력분을 체쳐서 섞은 다음 녹인 버터를 넣고 유화시킨다.

3 플라스틱 시트 가운데를 2×13cm 직사각형으로 도려내어 틀을 만들고, 실리콘베이킹시트를 깐 오븐팬 위에 올린다. **2**를 팔레트나이프로 넓게 펴서 바른 다음 틀을 떼어낸다.

4 댐퍼를 연 160℃ 오븐에서 노릇노릇해질 때까지 10분 정도 굽는다. 뜨거울 때 실리콘베이킹시트에서 떼어낸다.

5 세르클틀에 감아서 원통모양으로 만든다.

memo
- 직사각형틀은 플라스틱 시트 등 단단한 것으로 만드는데, 가로세로 1.5cm 정도 여유를 두고 구멍을 낸다.
- 보관할 때는 건조제와 함께 밀폐용기에 넣어 상온에서 보관한다. 5일 보관할 수 있다.

발효유

재료 25접시 분량(만들기 편한 분량), 145g 사용

우유 ······ 100g
그래뉴당 ······ 100g
수분을 제거한 요구르트 ······ 25g

A 구연산 ······ 0.6g
　유산균 ······ 8g

만드는 방법 (사진량 = 재료의 2배)

1 냄비에 우유와 그래뉴당을 넣고 중불에 올려 섞으면서 70℃까지 가열한다.

2 볼에 옮기고 얼음물 위에 올려 저으면서 45℃까지 식힌다.

3 얼음물에서 꺼내 수분을 제거한 요구르트를 넣고 잘 풀어준다. A를 넣고 살짝 저어준 다음, 깨끗이 소독한 밀폐용기에 넣고 냉장고에서 4일 그대로 둔다.

memo
- 냉장고에서 3일 보관할 수 있다.

발효유 튀일

재료 10접시 분량(만들기 편한 분량), 3장(지름 2.8㎝) 사용(1접시)

발효유(위 참조) ······ 50g
우유 ······ 10g

A 옥수수전분가루 ······ 2.5g
　그래뉴당 ······ 1.5g

만드는 방법 (사진량 = 재료의 2배)

   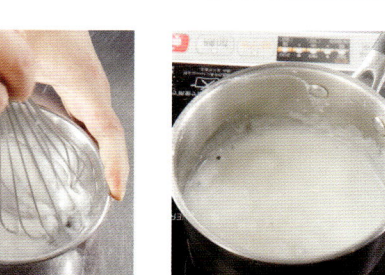

1 냄비에 발효유를 넣고 중불로 가열한다.

2 볼에 A를 넣고 잘 섞는다.

3 2에 1을 조금 넣고 섞는다.

4 3을 냄비에 넣고 중불에 올려서 걸쭉해질 때까지 가열한다.

5 실리콘베이킹시트에 4를 팔레트나이프로 얇게 펴서 오븐팬에 올린다. 댐퍼를 연 100℃ 오븐에서 10분 동안 구워 표면을 건조시킨다.

6 지름 2.8㎝ 세르클틀로 찍은 다음, 댐퍼를 연 100℃ 오븐에서 2~3시간 구워서 말린다.

7 오븐에서 꺼내 바로 실리콘베이킹시트를 떼어낸다.

memo
- 보관할 때는 건조제과 함께 밀폐용기에 넣어 상온에서 보관한다. 3일 보관할 수 있다.

발효유 크림

재료 10접시 분량(만들기 편한 분량), 15g 사용(1접시)

크림치즈 …… 35g
A 수분을 제거한 요구르트 …… 10g
　그래뉴당 …… 8g
생크림(유지방 35%) …… 52.5g
발효유(p.146 참조) …… 22.5g

만드는 방법 (사진량 = 재료의 2배)

1 볼에 크림치즈를 넣고 덩어리가 없어질 때까지 섞는다.

2 A를 넣고 섞다가 생크림을 조금씩 넣으면서 넣을 때마다 세게 거품을 낸다. 뿔이 설 정도로 거품을 낸다.

3 발효유를 넣어 섞는다.

memo
- 발효유 대신 칼피스액으로 대체해도 좋다.
- 냉장고에서 1일 보관할 수 있다.

팽 오 미엘

재료 80접시 분량(만들기 편한 분량), 150g 사용

A 드라이이스트 …… 0.75g
　삼온당 …… 1.5g
　미지근한 물(40℃) …… 15g
　강력분(체친 것) …… 80g
B 소금 …… 1.5g
　꿀 …… 13g
C 생크림 …… 20g
　우유 …… 25g
　달걀노른자 …… 52.5g
　발효버터 …… 13.8g

memo
- 구운 다음에는 냉장고에서 3일 보관할 수 있다.

만드는 방법 (사진량 = 재료의 4배)

1 p.190 〈팽 페르뒤〉의 만드는 방법 1~6을 참조하여 반죽을 만든다.

2 덧가루(분량 외)를 뿌린 작업대에서 1덩어리가 165g이 되도록 4등분하여 둥글린 다음 오븐팬에 올린다.

3 반죽에 젖은 면보를 덮고, 28℃ 상온에서 2시간 발효시킨다.

4 덧가루(분량 외)를 뿌린 작업대에 올려 밀대로 밀면서 공기를 뺀다. 아래에서 위로 돌돌 만 다음, 양옆을 아래로 오므려서 동그랗게 만든다.

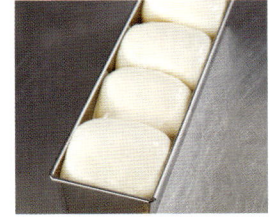

5 나머지 반죽도 같은 방법으로 작업하고, 이음매를 잘 붙여서 식용유(분량 외)를 얇게 바른 빵틀에 나란히 담는다.

6 분무기로 물(분량 외)을 뿌리고 28℃ 상온에서 1~2시간 발효시킨다.

7 오븐팬 위에 빵틀을 올리고 베이킹시트를 덮은 다음 그 위에 다시 오븐팬을 덮는다.

8 댐퍼를 닫은 180℃ 오븐에서 노릇노릇해질 때까지 20분 굽는다. 오븐에서 꺼내 틀을 빼고 한 김 식힌다.

팽 오 미엘 시럽절임

재료 20접시 분량(만들기 편한 분량), 4개 사용(1접시)
팽 오 미엘(p.147 참조) ······ 150g
물 ······ 125g
베르주아즈(첨채당) ······ 25g
팔각 ······ 1/2개
시나몬 ······ 1/4개
클로브(정향) ······ 1/2개
핑크페퍼(으깬 것) ······ 3알 분량

만드는 방법

1 팽 오 미엘을 1cm 깍둑썰기를 한다.

2 냄비에 빵 이외의 재료를 넣고 중불로 가열하다가 끓으면 불을 끈다. 랩을 씌우고 1시간 뜸을 들인다.

3 오븐팬에 **1**을 올려 펼쳐놓고 **2**를 체에 걸러서 붓는다. 팽 오 미엘을 10분 정도 절인다.

4 오븐팬에 베이킹시트를 깔고 나란히 올린 다음, 댐퍼를 연 100℃ 오븐에서 1시간 정도 표면이 마를 때까지 굽는다.

memo
- 속은 부드러운 상태이고 표면이 말랐으면 오븐에서 꺼낸다.
- 냉장고에서 3일 보관할 수 있다.

미드 사바용

재료 8접시 분량(만들기 편한 분량), 10g 사용(1접시)
달걀노른자 ······ 20g
그래뉴당 ······ 25g
미드(꿀술) ······ 30g
레몬즙 ······ 8g

만드는 방법

1 냄비에 모든 재료를 넣고 잘 섞는다.

2 중불로 섞으면서 82℃까지 가열한다.

3 체로 걸러서 믹서볼에 담고, 하얀 거품이 날 때까지 믹서(고속)를 돌린다.

memo
- 믹서는 휘퍼를 끼워서 사용한다.
- 냉장고에서 1일 보관할 수 있다.

포도와 발효를 키워드로 관련 재료를 선별하였다.
꿀 넣은 빵을 향신료로 맛을 낸 시럽에 절이고,
꿀 무스와 포도 콩포트, 건포도 화이트와인절임 등으로 조화를 이루었다.
디저트 자체의 맛은 물론 조합의 재미도 맛볼 수 있는 디저트이다.

Fondant au chocolat, parfumé à la lavande

라벤더향 퐁당 오 쇼콜라

라벤더 농축액, 라벤더 풍미의 가나슈,
라벤더 슈거, 라벤더 풍미의 퐁당 오 쇼콜라,
라벤더 아이스크림, 라벤더 블루맬로 머랭,
라벤더 풍미의 쇼콜라 무스, 쇼콜라 카페 크럼블,
블랜커런트 소스, 카카오 튀일

플레이팅 디자인

플레이팅의 기술

그릇 평평한 큰 접시(지름 30.5cm)

재료 1인분

블랙커런트 소스 …… 20g
쇼콜라 카페 크럼블 …… 20g
생크림(생크림 35%, 90% 휘핑) …… 8g
라벤더 풍미의 쇼콜라 무스 …… 2개
라벤더 아이스크림 …… 15g
라벤더 블루맬로 머랭 …… 4조각(한입크기)
라벤더 풍미의 퐁당 오 쇼콜라 …… 1개
카카오 튀일 …… 2조각(한입크기)
아마란스잎 …… 적당량
라벤더 슈거 …… 적당량

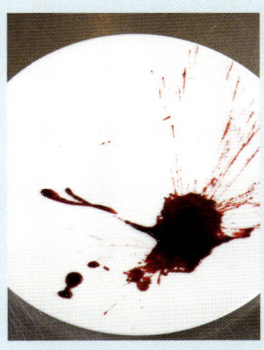

1 블랙커런트 소스를 스푼으로 떠서 접시에 무늬를 그린다.

2 쇼콜라 카페 크럼블을 뿌리고 생크림을 럭비공모양(크넬)으로 올린다.

3 쇼콜라 무스를 올리고 아이스크림을 럭비공모양(크넬)으로 얹은 다음 머랭을 장식한다.

4 퐁당 오 쇼콜라를 올리고 튀일과 아마란스잎을 장식한 다음 라벤더 슈거를 뿌린다.

라벤더 농축액

재료 50접시 분량(만들기 편한 분량), 1g 사용(1접시)
라벤더(말린 것)······ 2.5g
보드카······ 40g

만드는 방법
끓여서 소독한 밀폐용기에 모든 재료를 넣고 섞는다.
뚜껑을 덮어 서늘하고 그늘진 곳에 1달 두어 향이 배게 한다.

memo
• 냉장고에서 70일 보관할 수 있다.

라벤더 풍미의 가나슈

재료 15접시 분량(만들기 편한 분량), 40g 사용
라벤더(말린 것)······ 3g   쇼콜라 누아르(카카오 72%)······ 70g
생크림(유지방 35%)······ 75g 쇼콜라 오 레(카카오 40%)······ 17g
트리몰린(전화당)······ 4g   라벤더 농축액(위 참조)······ 8g

만드는 방법

1 냄비에 라벤더와 생크림을 넣고 중불로 끓인다.

2 불에서 내려 핸드블랜더로 라벤더를 갈고, 랩을 씌워 1시간 그대로 둔다.

3 다른 냄비에 시누아로 걸러서 눌러 짠 다음 트리몰린을 넣는다. 계량해서 75g이 되도록 생크림(분량 외)을 넣어 조절한다.

4 3을 중불로 데운다.

5 볼에 2가지 쇼콜라를 넣고 중탕으로 저으면서 녹인다.

6 5에 4를 넣고 핸드블랜더로 섞어서 유화시킨다. 상온에서 35℃ 이하로 식힌다.

7 라벤더 농축액을 섞는다.

memo
• 냉장고에서 5일 보관할 수 있다.

라벤더 슈거

재 료 10접시 분량(만들기 편한 분량), 23g 사용
그래뉴당······ 50g
라벤더(말린 것)······ 5g

만드는 방법
믹서볼에 모든 재료를 넣고 푸드프로세서(고속)로 간다.
볼에 체쳐서 담고 큰 알갱이는 걸러낸다.

memo
- 상온에서 30일 보관할 수 있다.

라벤더 풍미의 퐁당 오 쇼콜라

재 료 지름 5.5cm, 높이 4cm 세르클틀 2개 분량(만들기 편한 분량), 1개 사용(1접시)
박력분······ 8g   라벤더 풍미의 가나슈(p.152 참조)······ 40g
달걀······ 27g   버터······ 28g
그래뉴당······ 18g

만드는 방법

1 박력분을 볼에 체치고 여기에 달걀, 그래뉴당을 골고루 섞은 다음, 라벤더 풍미의 가나슈를 섞는다.

2 중탕으로 녹인 버터를 섞는다.

3 지름 5.5cm 세르클틀 안에 베이킹시트를 두르고, 실리콘베이킹시트를 깐 오븐팬에 나란히 올려 **2**를 4cm 높이까지 붓는다.

4 댐퍼를 닫은 180℃ 오븐에서 5분 구운 다음, 오븐에서 꺼내 틀과 베이킹시트를 벗긴다.

memo
- 굽기 전 반죽은 냉장고에서 1일, 구운 후 반죽은 상온에서 1일 보관할 수 있다.

라벤더 아이스크림

재 료 25접시 분량(만들기 편한 분량), 15g 사용(1접시)

A 우유 …… 124g
  라벤더(말린 것) …… 1g
생크림(유지방 35%) …… 124g
꿀(라벤더) …… 50g

달걀노른자 …… 50g
그래뉴당 …… 40g
오렌지 퓨레 …… 40g

만드는 방법

1 냄비에 **A**를 넣고 중불로 끓여서 핸드블렌더로 라벤더를 간 다음, 랩을 씌워 냉장고에 1시간 그대로 둔다.

2 냉장고에서 꺼내 생크림과 꿀을 넣고 중불로 끓인다.

3 볼에 달걀노른자, 그래뉴당을 잘 섞고 **2**를 조금씩 넣으면서 섞는다.

4 다시 냄비에 옮기고 중불로 82℃까지 섞으면서 가열한다.

5 체에 걸러서 다른 볼에 담고 얼음물 위에 올려 10℃ 이하로 저으면서 식힌다.

6 오렌지 퓨레를 넣고 핸드블렌더로 골고루 섞는다.

7 아이스크림기계에 넣어 돌리다가 공기가 들어가 하얗게 변하고, 칼날에 아이스크림이 달라붙을 정도가 되면 기계를 멈춘다.

memo
- 아이스크림액에 공기가 덜 들어가면 단단해질 수 있으므로 주의한다.
- 냉동실에서 2주 보관할 수 있다.

라벤더 블루맬로 머랭

재료 30×30㎝ 1장 분량(만들기 편한 분량), 4조각(한입크기) 사용(1접시)

A 달걀흰자 ······ 70g
　블루맬로(말린 것) ······ 2g

라벤더 슈거(p.153 참조) ······ 23g
트레할로스 ······ 40g
옥수수전분가루 ······ 5.2g

만드는 방법

1 볼에 **A**를 섞고 냉장고에 넣어 블루맬로의 색이 선명하게 우러날 때까지 30분~1시간 그대로 둔다.

2 체에 거르고 주걱으로 눌러 짜서 믹서볼에 담은 다음, 계량해서 72g이 되게 달걀흰자(분량 외)를 넣는다.

3 라벤더 슈거와 트레할로스를 섞고, 믹서(고속)로 뿔이 뾰족하게 설 때까지 휘핑한다.

4 옥수수전분가루를 넣고 고무주걱으로 골고루 섞는다.

5 작업대 위에 베이킹시트를 깔고 그 위에 30×30㎝, 2㎜ 두께로 넓게 편다. 오븐팬을 뒤집어서 놓고 그 위에 베이킹시트째 올린다.

6 댐퍼를 연 100℃ 오븐에서 1시간 30분~2시간 구운 다음 한입크기로 자른다.

memo
- 믹서는 휘퍼를 끼워서 사용한다.
- 구울 때 베이킹시트의 네 모서리에 접착제 대신 반죽을 조금 발라서 붙이면, 굽는 중간에 오븐에서 나오는 바람 때문에 시트와 반죽이 움직이는 것을 막을 수 있다.
- 보관할 때는 건조제와 함께 밀폐용기에 넣어 상온에서 보관한다. 5일 보관할 수 있다.

라벤더 풍미의 쇼콜라 무스

재료 지름 4.5㎝ 실리콘반구형틀 20개 분량(만들기 편한 분량), 2개 사용(1접시)

A 라벤더(말린 것) …… 1g
  우유 …… 50g
판젤라틴 …… 1.6g
B 쇼콜라 오 레(카카오 42%) …… 71g
  쇼콜라 누아르(카카오 72%) …… 10g
생크림(유지방 35%, 80% 휘핑) …… 112g

만드는 방법

1 냄비에 **A**를 넣고 중불로 끓인 다음 불에서 내려 핸드블렌더로 섞는다. 랩을 씌워 냉장고에 1시간 그대로 둔다.

2 체에 걸러서 볼에 담고 다시 냄비에 옮겨 중불로 가열한다. 얼음물(분량 외)에 불린 판젤라틴을 넣어 녹인다.

3 볼에 **B**를 넣고 중탕으로 녹인 다음 **2**를 넣는다. 핸드블렌더로 섞어서 유화시킨다.

4 얼음물 위에 올려 30℃까지 식힌다.

5 먼저 생크림을 1/2만 넣고 섞은 다음 잘 섞이면 나머지를 넣고 섞는다.

6 짤주머니에 넣어 반구형틀 1/2 높이까지 짜 넣고, 냉동실에서 3시간 식혀서 굳힌다.

memo
- 냉동실에서 2주 보관할 수 있다.

쇼콜라 카페 크럼블

재 료 15접시 분량(만들기 편한 분량), 20g 사용(1접시)

버터 …… 140g
소금 …… 1g
트레할로스 …… 75g
쇼콜라 누아르(카카오 68%) …… 17.5g

생크림(유지방 35%) …… 25g
우유 …… 13.5g
달걀노른자 …… 5g
인스턴트커피 …… 2.5g

A 박력분 …… 125g
  강력분 …… 85g
  카카오파우더 …… 41g
카카오버터 …… 구운 후 반죽의 1/3 분량

준비

1 믹서볼에 버터와 소금을 넣고 믹서(중속)로 크림상태가 될 때까지 섞다가 트레할로스를 넣고 섞는다.

2 볼에 쇼콜라를 넣고 중탕으로 녹인다.

3 2에 가열한 생크림을 넣고 섞어서 유화시킨다.

4 3에 우유를 섞은 다음 달걀노른자와 인스턴트커피를 섞는다. 35℃ 이하로 식힌다.

5 1에 4를 조금씩 넣고 섞으면서 유화시킨다.

6 A를 섞어서 5에 체친 다음 가루 느낌이 없어질 때까지 섞는다. 한 덩어리로 만들어서 냉장고에 하루 그대로 둔다.

만드는 방법

1 냉장고에서 꺼내 굵은 체에 손바닥으로 누르면서 내리고 오븐팬에 넓게 편다.

2 냉장고에 넣고 표면이 단단해질 때까지 30분 식힌다.

3 댐퍼를 연 160℃ 오븐에서 색이 골고루 나도록 20~30분 굽는다.

4 3을 볼에 옮기고, 카카오버터를 500W 전자레인지에 10~15초씩 몇 번 돌려서 녹인 다음 섞는다.

5 베이킹시트를 깐 오븐팬 위에 넓게 펴고, 냉장고에서 1시간 식혀서 굳힌다.

memo

- 믹서는 비터를 끼워서 사용한다.
- 반죽을 구운 다음 카카오버터를 계량한다. 카카오버터를 섞으면 유분 막이 생겨서 반죽이 식은 다음에 사용해도 쉽게 눅눅해지지 않는다.
- 굽기 전 반죽은 냉동실에서 3주, 구운 후 반죽은 건조제와 함께 밀폐용기에 넣고 상온에서 5일 보관할 수 있다.

블랙커런트 소스

재료 10접시 분량(만들기 편한 분량), 20g 사용(1접시)
그래뉴당 …… 20g
옥수수전분가루 …… 4g
블랙커런트 퓌레 …… 200g

만드는 방법

1 볼에 그래뉴당과 옥수수전분가루를 넣고 블랙커런트 퓌레 40g을 섞는다.

2 냄비에 남은 블랙커런트 퓌레를 넣고 중불로 끓이다가, 끓으면 1을 넣고 완전히 끓을 때까지 섞으면서 가열한다.

3 볼에 옮기고 얼음물 위에 올려 저으면서 식힌다.

memo
• 냉장고에서 3일 보관할 수 있다.

카카오 튀일

재료 30×30㎝ 1장 분량(만들기 편한 분량), 2조각(한입크기) 사용(1접시)
카카오파우더 …… 52.5g
그래뉴당 …… 40g
물 …… 60g
버터 …… 5g
물엿 …… 25g

만드는 방법

1 볼에 카카오파우더와 그래뉴당을 섞는다. 물을 조금씩 넣으면서 덩어리가 없어질 때까지 섞는다.

2 내열볼에 버터와 물엿을 넣고 500W 전자레인지에 30초씩 몇 번 돌려 섞어서 녹인다.

3 2를 1에 넣고 다시 핸드블렌더로 섞는다.

memo
• 굽기 전 반죽은 냉동실에서 3주, 구운 후 반죽은 건조제와 함께 밀폐용기에 넣어 상온에서 1일 보관할 수 있다.

4 볼 위에 고운체를 놓고 3을 올려 조금씩 내린다.

5 작업대에 실리콘베이킹시트를 놓고 4를 얇게 펴서 바른 다음, 오븐팬에 올리고 댐퍼를 연 150℃ 오븐에서 8~10분 굽는다.

6 뜨거울 때 실리콘베이킹시트를 분리하고 한입크기로 자른다.

향은 따뜻할수록 더 잘 느껴지는 법. 퐁당 쇼콜라에 라벤더를 넣어
쇼콜라가 녹는 순간 라벤더의 향이 퍼져 나가는 매력적인 디저트이다.
라벤더의 아름다운 컬러에서 영감을 얻어
블루맬로 머랭과 블랙커런트 소스의 선명한 컬러를 함께 조합하였다.

Soupe froide de tomates et oranges

토마토 오렌지 냉수프

토마토 오렌지 냉수프,
토마토 프랑부아즈 소스,
생강 거품, 요구르트 아이스크림,
민트 소르베

플레이팅 디자인

요구르트 소스

위부터
민트 소르베,
요구르트 아이스크림,
토마토 오렌지 냉수프,
크렘 파티시에

토마토
프랑부아즈 소스

생강 거품

피튜니아

크렘 파티시에

머스캣

마리골드 꽃잎

시콰사

프로마주 크뤼

크랜베리 설탕절임

방울토마토

꿀 올리브오일 소스

플레이팅의 기술

그릇 와이드 림 유리접시(지름 24.5cm, 중앙지름 8cm, 깊이 3.5cm)

재 료 1인분

크렘 파티시에(p.16 참조) …… 35g	꿀 올리브오일 소스(p.48 참조) …… 5g
프로마주 크뤼(p.36 참조) …… 6g 2개	크랜베리 설탕절임(p.39 참조) …… 3g
머스캣(2mm 슬라이스) …… 1알 분량	요구르트 아이스크림 …… 1장
방울토마토(2mm 슬라이스) …… 3장	민트 소르베 …… 15g
시콰사(2mm 슬라이스) …… 3장	생강 거품 …… 1큰술
요구르트 소스(p.61 참조) …… 3g	마리골드 꽃잎 …… 적당량
토마토 프랑부아즈 소스 …… 5g	피튜니아 …… 적당량
토마토 오렌지 냉수프 …… 35g	

1 크렘 파티시에를 20g과 15g으로 나누어 15g으로 접시에 선을 그린다.

2 프로마주 크뤼를 럭비공모양(크넬)으로 2개 올린다.

3 머스캣, 방울토마토, 시콰사를 순서대로 놓고, 마리골드 꽃잎과 피튜니아를 장식한다.

4 요구르트 소스, 토마토 프랑부아즈 소스를 각각 스푼으로 떠서 점무늬를 그린다.

5 가운데에 크렘 파티시에 20g, 토마토 오렌지 냉수프를 순서대로 넣고, 꿀 올리브오일 소스를 전체에 뿌린다.

6 크랜베리 설탕절임을 뿌리고, 아이스크림을 4등분해서 접시 가운데에 올린다. 그 위에 소르베를 겹쳐서 얹고 생강 거품을 장식한다.

토마토 오렌지 냉수프

재료 10접시 분량(만들기 편한 분량), 35g 사용(1접시)
토마토(데쳐서 껍질 벗기고 2cm 깍둑썰기) …… 150g
오렌지과육(속껍질 벗기고 반으로 자른 것) …… 75g
패션프루트 퓌레 …… 40g
삼온당 …… 65g
레몬즙 …… 2g
진 …… 3g
아니스파우더 …… 적당량

만드는 방법

1 냄비에 토마토, 오렌지과육, 패션프루트 퓌레를 넣고 중불로 가열한다.

2 삼온당을 넣고 중불로 가열해서 끓으면 약불로 줄여 2/3가 될 때까지 저으면서 졸인다.

3 얼음물 위에 올려 저으면서 30℃ 이하로 식힌다. 레몬즙, 진, 아니스파우더를 넣고 맛을 조절한다.

memo
- 냉장고에서 3일 보관할 수 있다.

토마토 프랑부아즈 소스

재료 10접시 분량(만들기 편한 분량), 5g 사용(1접시)
토마토(데쳐서 껍질 벗기고 굵게 자른 것) …… 31.5g
프랑부아즈(냉동한 것도 가능) …… 31.5g
삼온당 …… 7.5g
리치 리큐어 …… 12.5g

만드는 방법

1 냄비에 토마토, 프랑부아즈, 삼온당을 넣고 중불로 가열한다. 끓으면 약불로 줄이고 으깨면서 다시 끓을 때까지 가열한다.

2 불에서 내리고 핸드블렌더로 섞은 다음, 체에 걸러서 볼에 담는다.

3 한 김 식히고 리치 리큐어를 섞는다.

memo
- 냉장고에서 3일 보관할 수 있다.

생강 거품

재료 10접시 분량(만들기 편한 분량), 1큰술 사용(1접시)

- **A** 생강(껍질째) ······ 33.3g
  물 ······ 66.7g
  그래뉴당 ······ 66.7g
  클로브(정향) ······ 조금
  시나몬파우더 ······ 조금
- **B** 레몬즙 ······ 37.5g
  대두레시틴파우더 ······ 3g

만드는 방법
볼에 **A**를 넣고 섞는다. 체에 걸러서 냄비에 담고 중불로 끓인다.
다른 볼에 옮겨 **B**를 넣고 핸드블렌더로 거품을 낸다.

memo
- 냉동실에서 3일 보관할 수 있다.

요구르트 아이스크림

재료 지름 8cm, 두께 0.8cm 6장 분량(만들기 편한 분량), 1장 사용(1접시)

플레인 요구르트 ······ 333g
수분을 제거한 요구르트 ······ 100g
그래뉴당 ······ 56.7g
꿀 ······ 30g

만드는 방법

  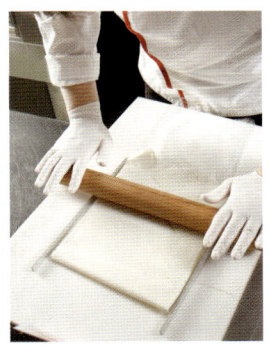 

1 볼에 모든 재료를 넣고 수분을 제거한 요구르트가 풀어지도록 섞는다.

2 아이스크림기계에 넣고 돌리다가 공기가 들어가 하얗게 변하고, 칼날에 아이스크림이 달라붙을 정도가 되면 기계를 멈춘다.

3 OPP시트를 깐 작업대에 **2**를 올리고 위에 시트 1장을 덮은 다음, 밀대로 0.8cm 두께로 민다.

4 냉동실에서 3시간 얼린 다음 꺼내서 지름 8cm 세르클틀로 찍는다.

memo
- 모든 재료를 섞은 다음 10℃ 이상이면 얼음물 위에 올려서 10℃ 이하로 식힌다.
- 아이스크림액에 공기가 덜 들어가면 단단해질 수 있으므로 주의한다.
- 0.8cm 두께의 사각막대를 양옆에 두고 밀면 쉽게 균일한 두께로 밀 수 있다.
- 냉동실에서 2주 보관할 수 있다.

민트 소르베

재 료 15접시 분량(만들기 편한 분량), 15g 사용(1접시)
물······260g
스피어민트······3g
A 그래뉴당······66g
　시콰사즙······6g
　레몬즙······6g
진······4g

만드는 방법

1 냄비에 물을 넣고 중불로 끓인 다음, 민트잎을 넣고 랩을 씌워 반나절 뜸을 들인다.

2 시누아로 걸러서 볼에 담고 **A**를 넣어 섞는다. 얼음물 위에 올리고 저으면서 10℃ 이하로 식힌다.

3 아이스크림기계에 넣고 돌리다가 공기가 들어가 하얗게 변하고, 칼날에 아이스크림이 달라붙을 정도가 되면 기계를 멈춘다.

memo
- 아이스크림액에 공기가 덜 들어가면 단단해질 수 있으므로 주의한다.
- 냉동실에서 2주 보관할 수 있다.

토마토와 오렌지를 수프로 만들고,
요구르트 아이스크림과 민트 소르베를 이중으로 올렸다.
입에 넣는 순간 요구르트와 민트의 산뜻함이 퍼지고,
뒤이어 토마토와 오렌지의 신맛과 단맛이 밀려온다.
순간 느껴지는 차가움이 맛을 스트레이트로 전달한다.

Sorbet au citron et glace à la praline
레몬 소르베와 프랄리네 아이스크림

레몬 콩포트, 레몬 소르베,
마스카르포네치즈 크림, 레드와인 소스,
헤이즐넛 프랄리네, 크렘 앙글레즈,
프랄리네 아이스크림, 레몬그라스 무스,
다쿠아즈, 아몬드 크리스탈리제,
바나나 밤 캐러멜 소테

플레이팅 디자인

- 레몬그라스
- 헤이즐넛 프랄리네
- 레몬 소르베 속에는 프랄리네 아이스크림
- 식용국화 꽃잎
- 생크림
- 레드와인 소스
- 레몬그라스 무스
- 바나나 밤 캐러멜 소테
- 아몬드 크리스탈리제
- 다쿠아즈 속에는 마스카르보네치즈 크림

플레이팅의 기술

그릇 평평한 큰 접시(지름 24cm)

재 료 1인분

다쿠아즈 ······ 1개	마스카르포네치즈 크림 ······ 15g	헤이즐넛 프랄리네 ······ 10g
레드와인 소스 ······ 12g	레몬그라스 무스 ······ 1개	바나나 밤 캐러멜 소테 ······ 전량
생크림(유지방 35%, 90% 휘핑) ······ 5g	프랄리네 아이스크림 ······ 25g	식용국화 꽃잎 ······ 2장
아몬드 크리스탈리제 ······ 6g	레몬 소르베 ······ 20개	레몬그라스(신선한 것) ······ 적당량

1 다쿠아즈 옆면을 잘 다듬어서 정리하고, 바닥에 세울 수 있도록 살짝 평평하게 깎아낸다.

2 레드와인 소스를 10g과 2g으로 나누고, 10g으로 접시에 선을 그린다.

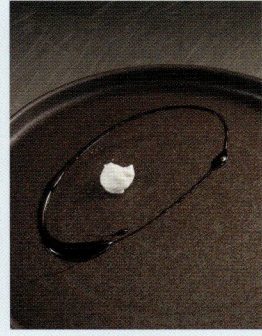

3 2의 선 안에 다쿠아즈를 받칠 생크림을 조금 올린다.

4 3 위에 1을 올린다.

5 아몬드 크리스탈리제를 칼로 굵게 다져서 4g과 2g으로 나누고, 4g을 4 주변에 뿌린다.

6 다쿠아즈 속에 마스카르포네치즈 크림을 넣는다.

7 레몬그라스 무스를 틀에서 떼어 6 위에 올린다.

8 깊은 스푼으로 프랄리네 아이스크림을 럭비공모양(크넬)으로 7 위에 올린다.

9 8의 아이스크림 주위에 레몬 소르베를 쌓아올린다.

10 작은 스푼으로 남은 생크림을 럭비공모양(크넬)으로 9 위에 올린다.

11 위에 레드와인 소스 2g과 헤이즐넛 프랄리네를 뿌리고, 가늘고 길게 자른 레몬그라스와 국화 꽃잎을 장식한다.

12 다쿠아즈 주변에 바나나 밤 캐러멜 소테를 올리고, 남은 아몬드 크리스탈리제를 뿌린다.

레몬 콩포트

재료 13접시 분량(만들기 편한 분량), 225g 사용
레몬껍질(2~3mm 슬라이스) …… 2.5개 분량
물 …… 250g
그래뉴당 …… 125g

만드는 방법 (사진량=재료의 2배)

1 냄비에 물(분량 외)을 넣고 센불에 끓여서 레몬껍질을 데치고, 체에 밭쳐서 물기를 제거한다.

2 다른 냄비에 물, 그래뉴당, 1을 넣고 약불로 가열하여 시럽을 만든다. 레몬껍질이 부드러워지고 투명해질 때까지 끓인다.

3 체에 밭친 껍질을 푸드프로세서(고속)로 곱게 갈아 페이스트 상태를 만든다.

memo
- 레몬은 껍질과 과육을 분리하고, 2.5개 분량의 과즙은 레몬 소르베 만들 때 사용한다.
- 레몬 풍미를 살리기 위해 1번만 데치고 데친 물은 버린다.
- 조릴 때 물이 줄어들기 때문에 중간에 물을 보충하면서 끓인다.
- 푸드프로세서를 사용하지 않고 칼로 곱게 다져도 좋다.
- 냉동실에서 2주 보관할 수 있다.

레몬 소르베

재료 20접시 분량(만들기 편한 분량), 20개 사용(1접시)
물 …… 250g   레몬즙 …… 140g
그래뉴당 …… 112g   오렌지 퓌레 …… 60g
레몬 콩포트(위 참조) …… 225g

만드는 방법

1 볼에 먼저 물과 그래뉴당을 섞고 그 밖의 재료를 섞은 다음, 얼음물 위에 올려서 10℃ 이하로 식힌다.

2 아이스크림기계에 넣고 돌리다가 공기가 들어가 하얗게 변하고, 칼날에 아이스크림이 달라붙을 정도가 되면 기계를 멈춘다.

3 OPP시트를 깐 작업대 위에 2를 올리고, 시트를 1장 위에 덮은 다음 밀대로 1.5㎝ 두께로 민다.

4 냉동실에서 3시간 얼려서 굳힌 다음, 자르기 쉬운 크기로 나눠서 1.5㎝ 깍둑썰기를 한다.

memo
- 소르베액에 공기가 덜 들어가면 단단해질 수 있으므로 주의한다.
- 1.5㎝ 굵기의 사각막대를 양옆에 놓고 밀면 쉽게 균일한 두께로 밀 수 있다.
- 냉동실에서 2주 보관할 수 있다.

마스카르포네치즈 크림

재료 8접시 분량(만들기 편한 분량), 15g 사용(1접시)
마스카르포네 치즈 …… 80g
우유 …… 20g
메이플시럽 …… 20g
럼주 …… 4g

만드는 방법
볼에 모든 재료를 넣어 섞고 거품기로 걸쭉해질 때까지 거품을 낸다.

memo
- 냉장고에서 1일 보관할 수 있다.

레드와인 소스

재료 30접시 분량(만들기 편한 분량), 12g 사용(1접시)
레드와인 …… 100g
그래뉴당 …… 50g
오렌지(1cm 슬라이스) …… 1장
시나몬스틱 …… 1/4개
바닐라빈 …… 1/5개 분량
팔각 …… 1/2개
클로브(정향) …… 1개

만드는 방법

1 냄비에 모든 재료를 넣고 중불에 올린 다음, 1/2 정도로 줄어들 때까지 가끔 저으면서 걸쭉하게 졸인다.

2 얼음물 위에 올리고 저으면서 식힌다.

memo
- 냉장고에서 7일 보관할 수 있다.

헤이즐넛 프랄리네

재료 10접시 분량(만들기 편한 분량), 10g 사용(1접시)
헤이즐넛(껍질째) …… 50g
물 …… 15g
그래뉴당 …… 75g

만드는 방법 (사진량=재료의 2배)

1 헤이즐넛은 댐퍼를 연 170℃ 오븐에서 갈색이 골고루 날 때까지 굽는다.

2 오븐에서 꺼내 체에 올리고 굴리면서 껍질을 벗긴다.

3 냄비에 물과 그래뉴당을 넣고 중불로 116℃까지 가열하여 시럽을 만든다.

4 불을 끄고 **2**를 넣어 나무주걱으로 바닥부터 천천히 섞는다. 헤이즐넛을 잘 버무리면서 시럽을 하얗게 결정화시킨다.

5 다시 중불에 올려 섞으면서 끓인다. 중간에 타지 않도록 약불로 줄이고 짙은 캐러멜색이 될 때까지 가열한다.

6 실리콘베이킹시트를 깐 오븐팬에 헤이즐넛이 겹쳐지지 않도록 넓게 펼치고 상온에서 식힌다.

7 뭉친 것을 풀어서 푸드프로세서에 넣고 고속으로 굵게 간다.

memo
- 구운 헤이즐넛은 매우 뜨거우므로 조금 식혀서 껍질을 벗긴다.
- 여기서는 헤이즐넛 껍질을 빨리 벗기기 위해 체를 사용하지만, 손으로 벗겨도 괜찮다.
- 남은 헤이즐넛 프랄리네는 건조제와 함께 밀폐용기에 넣어 보관한다. 상온에서 7일 보관할 수 있다.

크렘 앙글레즈

재료 550g(만들기 편한 분량), 전량 사용
우유 …… 386.7g
그래뉴당 …… 66.7g
달걀노른자 …… 106.7g

memo
- 냉장고에서 2일 보관할 수 있다.

만드는 방법

1 냄비에 우유와 그래뉴당 1/2을 넣고 중불로 끓기 직전까지 끓인다.

2 볼에 달걀노른자, 남은 그래뉴당을 섞는다. 덩어리지지 않게 **1**을 조금씩 넣으면서 섞는다.

3 냄비에 **2**를 넣고 약불~중불로 82℃가 되고 걸쭉해질 때까지 섞으면서 가열한다.

4 체에 걸러서 볼에 담고 얼음물 위에 올려 막이 생기지 않도록 가끔씩 저으면서 식힌다.

프랄리네 아이스크림

재 료 35접시 분량(만들기 편한 분량), 25g 사용(1접시)

그래뉴당……48g
물엿……64g
소금……1.3g
생크림(유지방 35%)……153g

A 크렘 앙글레즈(p.170 참조)……550g
　헤이즐넛 프랄리네……83.3g

만드는 방법

1 냄비에 그래뉴당, 물엿, 소금을 넣고 중불로 진한 캐러멜색이 될 때까지 가열한다.

2 다른 냄비에 생크림을 넣고 중불로 끓기 직전까지 데운다.

3 **1**이 진한 캐러멜색이 되면 불을 끄고 **2**를 조금씩 넣으면서 섞는다.

4 중불로 106℃까지 섞으면서 가열한다.

5 볼에 옮기고 얼음물 위에 올려 저으면서 10℃ 이하로 식힌다.

6 **A**를 넣고 핸드블렌더로 골고루 섞는다.

7 아이스크림기계에 넣고 돌리다가 공기가 들어가 하얗게 변하고, 칼날에 아이스크림이 달라붙을 정도가 되면 기계를 멈춘다.

memo

- 아이스크림액에 공기가 덜 들어가면 단단해질 수 있으므로 주의한다.
- 냉동실에서 2주 보관할 수 있다.

레몬그라스 무스

재료 지름 5cm, 높이 2cm 세르클틀 12개 분량(만들기 편한 분량), 1개 사용(1접시)

A 우유 …… 132g
  생크림(유지방 35%) …… 100g
  그래뉴당 …… 32.5g

  레몬그라스(말린 것) …… 3.0g
  달걀노른자 …… 46g
  꿀 …… 46g
  판젤라틴 …… 3.6g

만드는 방법

1 냄비에 **A**를 넣고 중불로 끓여 불을 끈다. 레몬그라스를 넣고 랩을 씌워 5분 동안 뜸을 들인다.

2 볼에 달걀노른자, 꿀을 섞는다. **1**을 끓기 직전까지 다시 가열한 다음 1/2만 넣고 섞는다.

3 **2**를 냄비에 옮기고 약불로 82℃까지 가열한다.

4 시누아로 거르고 주걱으로 눌러 짜서 볼에 담는다.

5 물(분량 외)에 불린 판젤라틴을 넣고 섞으면서 녹인다.

6 얼음물 위에 올려서 10℃ 이하로 식힌다.

7 OPP시트를 깐 오븐팬 위에 지름 5cm 세르클틀을 나란히 올리고, **6**을 1cm 높이로 부어 냉동실에서 3시간 얼려서 굳힌다.

memo

• 냉동실에서 7일 보관할 수 있다.

다쿠아즈

재료 지름 4㎝의 실리콘반구형틀 12개 분량(만들기 편한 분량), 1개 사용(1접시)

A 달걀흰자 …… 87g
　　레몬즙 …… 2g
　　그래뉴당 …… 22g

B 박력분 …… 13g
　　아몬드파우더 …… 77g
　　슈거파우더 …… 35g
　　슈거파우더 …… 적당량

만드는 방법

1 냉장고에서 30분 동안 차갑게 식힌 **A**와 그래뉴당을 믹서볼에 넣고 고속으로 돌려서 거품을 충분히 낸다.

2 섞어서 체친 **B**를 넣고 살짝 섞는다.

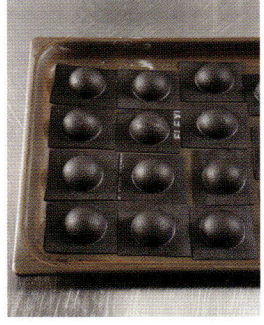

3 오븐팬에 지름 4㎝ 반구형틀을 뒤집어 놓는다. (볼록한 쪽이 위로)

4 작은 둥근 깍지 짤주머니에 **2**를 넣고 **3**의 볼록한 부분에 돌돌 감기게 짠다.

5 차거름망을 사용하여 슈거파우더를 전체적으로 2번 뿌린다.

6 댐퍼를 연 160℃ 오븐에서 노릇노릇해질 때까지 17분 정도 굽는다.

7 오븐에서 꺼내 한 김 식힌 다음 틀을 빼고 오븐팬에 뒤집어서 올린다. 댐퍼를 연 100℃ 오븐에 2시간 구워서 말린다.

memo
- 믹서는 휘퍼를 끼워서 사용한다.
- 반죽을 잘 섞지 않으면 짤주머니로 짜기 어렵고, 지나치게 섞으면 반죽이 퍼지므로 주의한다.
- 하나씩 분리된 틀을 이용하면 반죽을 구운 다음 떼어내기 쉽다.
- 반죽을 짤 때 틈이 생기면 반죽을 짜서 메운다.
- 충분히 굽지 않으면 틀에서 떼어낼 때 깨질 수 있다.
- 보관할 때는 건조제와 함께 밀폐용기에 넣고 상온에서 보관한다. 7일 보관할 수 있다.

아몬드 크리스탈리제

재료 15접시 분량(만들기 편한 분량), 6g 사용(1접시)
아몬드 슬라이버드 …… 50g
물 …… 9g
그래뉴당 …… 25g

memo
- 보관할 때는 건조제와 함께 밀폐 용기에 넣고 상온에서 보관한다. 약 7일 보관할 수 있다.

만드는 방법 (사진량 = 재료의 2배)

1 오븐팬에 아몬드를 올리고 댐퍼를 연 170℃ 오븐에서 15분 노릇노릇해질 때까지 굽는다.

2 냄비에 물과 그래뉴당을 넣고 중불로 116℃까지 가열하여 시럽을 만든다.

3 불을 끄고 **1**을 넣은 다음 나무주걱으로 바닥부터 천천히 섞는다. 아몬드를 잘 버무리면서 시럽을 하얗게 결정화시킨다.

4 오븐팬에 평평하게 펼쳐 놓고, 댐퍼를 연 100℃ 오븐에서 30분 정도 구워서 말린다.

바나나 밤 캐러멜 소테

재료 1접시 분량, 전량 사용
삼온당 …… 15g
바나나(1cm 깍둑썰기) …… 1/5개 분량
밤조림(속껍질째, 5mm 깍둑썰기, p.228 참조) …… 1/2알 분량
럼주 …… 15g
생크림(유지방 35%) …… 30g

만드는 방법

1 냄비에 삼온당을 넣고 중불로 캐러멜색이 날 때까지 가열한다.

2 바나나와 밤조림을 넣고 섞으면서 가열한다.

3 럼주를 섞은 다음 불에서 내린다.

4 생크림을 넣고 밤이 뭉개지지 않도록 주의하면서 전체를 골고루 섞는다.

레몬의 산뜻한 새콤함과 견과류의 고소하고 쌉쌀한 맛.
각 재료의 고유한 맛을 살리면서도 두 가지의 풍미를 겹겹이 대비시켜 하나의 디저트로 완성.
다쿠아즈를 접시에 돔모양으로 재미있게 구성하였고,
동시에 레드와인 소스를 곁들여 어른의 맛과 분위기를 연출하였다.

Tiramisu parfumé à l'Amaretto
아마레토향 티라미수

다쿠아즈, 커피 시럽,
에스프레소 수플레, 에스프레소 소스,
카페 프랄린, 카페라테 거품,
아마레토 무스, 누가,
아메리칸체리 보드카절임,
커피 풍미의 테린 쇼콜라

플레이팅 디자인

- 아마레토 무스 아래는 에스프레소 소스
- 카페라테 거품
- 카페 프랄린
- 초콜릿 장식
- 괭이밥
- 누가
- 아메리칸체리 보드카절임
- 에스프레소 수플레 아래는 커피 풍미의 테린 쇼콜라

플레이팅의 기술

그릇 평평한 큰 접시(지름 24㎝)

재료 1인분

커피 풍미의 테린 쇼콜라 …… 30g	카페 프랄린 …… 5g
에스프레소 수플레 …… 3/4개	누가 …… 3조각(한입크기)
에스프레소 소스 …… 5g	카페라테 거품 …… 2g
아마레토 무스 …… 50g	초콜릿 장식(p.192 참조) …… 3개
아메리칸체리 보드카절임 …… 3알	팽이밥 …… 적당량

1 접시 위의 3곳에 커피 풍미의 테린 쇼콜라를 스푼으로 떠서 올린다.

2 에스프레소 수플레를 1 위에 얹는다.

3 2 위에 에스프레소 소스를 뿌리고, 아마레토 무스를 스푼으로 떠서 겹쳐 올린다.

4 아메리칸체리 보드카절임을 3 옆에 둔다.

5 카페 프랄린을 뿌린다.

6 누가를 아마레토 무스 옆에 세운다.

7 카페라테 거품을 올린다.

8 초콜릿 장식을 얹고 팽이밥을 장식한다.

다쿠아즈

재료 30×30㎝ 오븐팬 1개 분량(만들기 편한 분량), 전량 사용

A 달걀흰자 ······ 87g
  레몬즙 ······ 2g
  그래뉴당 ······ 22g

B 박력분 ······ 13g
  아몬드파우더 ······ 77g
  슈거파우더 ······ 35g

memo
- 보관할 때는 건조제와 함께 밀폐용기에 넣어 상온에서 보관한다. 7일 보관할 수 있다.

만드는 방법

1 p.173의 과정 **1~2**를 참조하여 반죽을 만들고, 베이킹시트를 깐 오븐팬에 1㎝ 두께로 편다. 슈거파우더(분량 외)를 빈틈없이 뿌린다.

2 댐퍼를 연 170℃ 오븐에서 노릇해질 때까지 약 15분 굽는다.

3 오븐에서 꺼내 뒤집어서 베이킹시트를 떼어낸다. 댐퍼를 연 100℃ 오븐에서 120분 구워서 말린다.

4 오븐에서 꺼내 잘게 부순다.

커피 시럽

재료 250g(만들기 편한 분량), 전량 사용

물 ······ 105g
그래뉴당 ······ 51g
에스프레소 ······ 105g
인스턴트커피 ······ 8g

만드는 방법 (사진량 = 재료의 3배)

1 냄비에 물과 그래뉴당을 넣고 중불로 끓인다.

2 볼에 옮기고 에스프레소와 인스턴트커피를 섞는다.

3 얼음물 위에 올려서 식힌다.

memo
- 냉장고에서 3일 보관할 수 있다.

에스프레소 수플레

재료 지름 5.5㎝, 높이 5㎝ 세르클틀 10개 분량(만들기 편한 분량), 3/4개 사용(1접시)

달걀흰자 ······ 54.5g
레몬즙 ······ 2.3g
크림치즈 ······ 62.5g
체다치즈 ······ 10g
에스프레소 ······ 70g

A 달걀노른자 ······ 18g
  그래뉴당 ······ 5g
  옥수수전분가루 ······ 7.7g
그래뉴당 ······ 17.5g
트레할로스 ······ 18g

만드는 방법
p.32 〈수플레 프로마주〉를 참조하여 만든 다음 4등분한다.
(우유와 생크림 대신 에스프레소를 넣는다.)

memo
- 냉장고에서 3일 보관할 수 있다.

에스프레소 소스

재료 10접시 분량(만들기 편한 분량), 5g 사용(1접시)

A 에스프레소 …… 113g
    그래뉴당 …… 25g
    인스턴트커피 …… 15g
    물엿 …… 28.5g

B 그래뉴당 …… 25g
    옥수수전분가루 …… 10g
    판젤라틴 …… 1.5g

memo
- 냉장고에서 5일 보관할 수 있다.

만드는 방법 (사진량 = 재료의 2배)

1 냄비에 A를 넣고 중불로 가열한다.

2 볼에 B를 잘 섞은 다음 1을 먼저 조금 섞는다. 1의 냄비에 옮기고 중불로 섞으면서 끓인다.

3 불에서 내리고 얼음물(분량 외)에 불린 판젤라틴을 넣어 녹인다.

4 볼에 옮기고 얼음물 위에 올려서 식힌다.

카페 프랄린

재료 15접시 분량(만들기 편한 분량), 5g 사용(1접시)

아몬드파우더 …… 18g
에스프레소파우더 …… 7g
물 …… 20g
그래뉴당 …… 50g

memo
- 보관할 때는 건조제와 함께 밀폐 용기에 넣고 상온에서 보관한다. 5일 보관할 수 있다.

만드는 방법

1 볼에 아몬드파우더, 에스프레소파우더를 넣고 잘 섞는다.

2 냄비에 물과 그래뉴당을 넣고 중불로 130℃까지 끓인다.

3 불을 끄고 1을 넣은 다음 작은 덩어리가 생길 때까지 나무주걱으로 천천히 섞는다.

4 베이킹시트를 깐 오븐팬에 넓게 펼쳐서 식힌다.

카페라테 거품

재료 75g(만들기 편한 분량), 2g 사용(1접시)

에스프레소 …… 50g
우유 …… 25g

만드는 방법

볼에 에스프레소와 우유를 넣고 살짝 섞는다.
60℃ 정도로 데우고 핸드믹서로 고운 거품을 만든다.

memo
- 냉동실에서 2주 보관할 수 있다.

아마레토 무스

재료 25×25cm, 높이 5cm 사각틀 1개 분량(만들기 편한 분량), 50g 사용(1접시)

다쿠아즈(p.178 참조) …… 전량
커피 시럽(p.178 참조) …… 250g
달걀노른자 …… 60g
그래뉴당 …… 60g
아마레토 …… 35g
판젤라틴 …… 1g
마스카르포네치즈 …… 250g
생크림(유지방 35%, 80% 휘핑) …… 250g

만드는 방법

1 잘게 자른 다쿠아즈를 틀 안에 빈틈없이 깐다.

2 커피 시럽을 뿌리고 다시 솔로 전체에 골고루 발라서 스며들게 한다. 냉동실에서 2시간 식혀서 굳힌다.

3 내열볼에 달걀노른자와 그래뉴당을 잘 섞는다. 아마레토 25g을 넣는다.

4 500W 전자레인지에 30초씩 몇 번 돌려서 섞은 다음, 전체에 구멍이 옴폭옴폭 생길 때까지 가열한다.

5 얼음물(분량 외)에 불린 판젤라틴을 넣어 섞는다.

6 체에 걸러서 믹서볼에 담고 믹서(중속)로 하얗게 될 때까지 섞는다. 중간에 아마레토 10g을 넣어 섞는다.

7 볼에 옮기고 마스카르포네치즈를 섞는다. 생크림을 2번에 나눠서 넣고 섞는다.

8 2를 틀에서 분리하고 틀을 씻어서 OPP시트를 깐 오븐팬 위에 올린다. 7을 2cm 높이로 부어 평평하게 다듬는다.

9 2의 다쿠아즈 반죽을 8 위에 평평히 얹는다.

10 남은 7을 9 위에 2cm 높이로 붓고 평평하게 다듬는다. 냉장고에서 3시간 식혀서 굳힌다.

memo
- 믹서는 휘퍼를 끼워서 사용한다.
- 전자레인지에 가열할 때는 중간에 몇 번 꺼내서 섞어야 고르게 가열된다. 당도가 높기 때문에 전자레인지를 사용해야 쉽게 타지 않는다.
- 볼에 옮긴 다음 마스카르포네치즈를 넣기 전에 온도가 28℃ 이상이면 28℃ 정도로 식힌다.
- 냉동실에서 2주 보관할 수 있다.

누가

재 료 7접시 분량(만들기 편한 분량), 3조각(한입크기) 사용(1접시)
헤이즐넛다이스 …… 62.5g
버터 …… 19g
그래뉴당 …… 18g
물엿 …… 9g
생크림(유지방 35%) …… 6g

만드는 방법

1 베이킹시트를 깐 오븐팬에 헤이즐넛다이스를 올리고 댐퍼를 연 170℃ 오븐에서 10분 동안 굽는다.

2 냄비에 나머지 재료를 넣고 중불로 섞으면서 녹인다.

3 불을 끄고 **1**을 넣어 골고루 섞는다.

4 오븐팬에 베이킹시트를 깐 다음 그 위에 넓게 펼치고, 팔레트 나이프로 2~3㎜ 두께로 편다. 직사각형으로 모양을 다듬는다.

5 댐퍼를 연 170℃ 오븐에서 골고루 노릇노릇해질 때까지 15~20분 굽는다.

6 한 김 식히고 한입크기로 자른다.

memo

- 보관할 때는 건조제와 함께 밀폐용기에 넣고 상온에서 보관한다. 5일 보관할 수 있다.

아메리칸체리 보드카절임

재료 3접시 분량(만들기 편한 분량), 3알 사용(1접시)
아메리칸체리(꼭지와 씨 제거) …… 10알 분량
얼음설탕 …… 72g
바닐라빈 …… 1/2개 분량
레몬(3㎜ 슬라이스) …… 1/2개 분량
보드카 …… 76g

만드는 방법
끓여서 소독한 밀폐용기에 체리와 얼음설탕을 번갈아 층층이 넣은 다음,
바닐라빈과 레몬을 넣고 보드카를 붓는다.
설탕이 녹으면 아래위를 뒤집어주고 3개월 정도 절인다.

memo
- 시판 그리오트 브랜디절임으로 대체해도 좋다.
- 냉장고에서 3개월 보관할 수 있다.

커피 풍미의 테린 쇼콜라

재료 20접시 분량(만들기 편한 분량), 30g 사용(1접시)
쇼콜라 누아르(카카오 56%) …… 25g
쇼콜라 누아르(카카오 72%) …… 25g
쇼콜라 누아르(카카오 64%) …… 20g
쇼콜라 오 레(카카오 40%) …… 20g
A 카카오파우더 …… 5g
　　　그래뉴당 …… 50g
B 생크림(유지방 35%) …… 100g
　　　버터 …… 20g
　　　소금 …… 1g
　　　캐러멜(p.124 참조) …… 45g
C 에스프레소 …… 75g
　　　우유 …… 75g
달걀노른자 …… 40g
시나몬파우더 …… 적당량
아니스파우더 …… 적당량

만드는 방법
p.125 〈레드와인 풍미의 테린 쇼콜라〉를 참조하여 테린을 만든다.
(C는 B와 함께 넣는다.)

memo
- 냉장고에서 3일 보관할 수 있다.

커피 시럽에 흠뻑 적신 아마레토 무스를
에스프레소 수플레에 얹어 티라미수로 꾸몄다.
악센트는 보드카에 절인 아메리칸체리, 누가, 카페 프랄린.
접시 가득한 에스프레소와 커피의 향이 절묘한 콤비네이션으로 매료시킨다.

Figue farcie et pain perdu, parfumés aux épices de spéculoos

스페퀼로스 스파이스향 무화과 파르시와 팽 페르뒤

팥조림, 무화과 팥 콩피튀르, 무화과 레드와인 소스,
무화과 로티, 스페퀼로스 스파이스 크럼블,
견과류 3종 크리스탈리제,
견과류와 스페퀼로스 스파이스 풍미의 아이스크림,
팽 페르뒤, 초콜릿 장식

플레이팅 디자인

- 무과화 레드와인 소스
- 아마란스잎
- 견과류와 스페퀼로스 스파이스 풍미의 아이스크림
- 초콜릿 장식
- 팽 페르뒤
- 팥조림
- 생크림
- 스페퀼로스 스파이스 크럼블
- 무과화 로티

플레이팅의 기술

그릇 얕고 큰 접시(지름 24㎝)

재료 1인분
무화과 레드와인 소스 …… 10g
스페퀼로스 스파이스 크럼블 …… 8g
무화과 로티 …… 1개
팽 페르뒤 …… 2개
초콜릿 장식 …… 5g
생크림(유지방 35%, 90% 휘핑) …… 5g
견과류와 스페퀼로스 스파이스 풍미의 아이스크림 …… 15g
팥조림 …… 적당량
아마란스잎 …… 적당량

1 무화과 레드와인 소스를 스푼으로 떠서 접시에 담는다.

2 스페퀼로스 스파이스 크럼블을 올리고 무화과 로티를 올린다.

3 팽 페르뒤를 올린다.

4 큼직한 초콜릿 장식을 놓는다.

5 작은 스푼으로 생크림을 럭비공모양(크넬)으로 올린다.

6 아이스크림도 큰 스푼으로 럭비공모양(크넬)으로 올린다.

7 작은 초콜릿 장식과 팥조림을 올린다.

8 아마란스잎을 장식한다.

팥조림

재료 10접시 분량(만들기 편한 분량), 30g 사용
팥(다이나곤) …… 100g
A 삼온당 …… 40g
  그래뉴당 …… 25g
소금 …… 0.2g

memo
• 냉장고에서 5일 보관할 수 있다.

준비

팥을 흐르는 물에 씻어서 하룻밤 물에 불린다.

만드는 방법

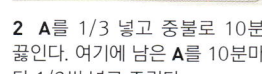

1 깊은 냄비에 물기를 뺀 팥을 넣고 잠길 정도로 물(분량 외)을 부어 센불로 끓인다. 끓으면 약불로 줄여 1시간 정도 더 끓인다.

2 A를 1/3 넣고 중불로 10분 끓인다. 여기에 남은 A를 10분마다 1/2씩 넣고 조린다.

3 소금을 넣고 살짝 섞은 다음 뚜껑을 덮어 뜸 들이면서 식힌다. 한 김 식으면 냉장고에서 8시간 이상 더 식혀서 맛이 잘 배게 한다.

무화과 팥 콩피튀르

재료 15접시 분량(만들기 편한 분량), 30g 사용
무화과(4등분하고 얇은 껍질을 벗긴 것) …… 165g
무화과(반건조, 1cm 깍둑썰기) …… 40g
삼온당 …… 35g
팥조림(위 참조) …… 30g

만드는 방법

1 냄비에 팥조림 이외의 재료를 넣고 중불로 가열하다가 끓으면 약불로 줄여 걸쭉해질 때까지(Brix 40~45%) 가열한다.

2 불을 끄고 팥조림을 섞은 다음 상온에서 식혀서 맛이 잘 배게 한다.

memo
• 냉동실에서 2주 보관할 수 있다.

무화과 레드와인 소스

재료 10접시 분량(만들기 편한 분량), 10g 사용(1접시)
그래뉴당 …… 30g
무화과 로티 시럽(아래 참조) …… 전량

만드는 방법
냄비에 그래뉴당과 시럽(향신재료 포함)을 넣고 걸쭉해질 때까지 중불로 가열한다.

memo
• 냉장고에서 7일 보관할 수 있다.

무화과 로티

재료 3개 분량(만들기 편한 분량), 1개 사용(1접시)

A 레드와인 …… 200g
그래뉴당 …… 70g
레몬(1cm 슬라이스) …… 1장
시나몬스틱 …… 1/4개
팔각 …… 1/2개
클로브(정향) …… 1개

무화과(작은 것) …… 3개
무화과 팥 콩피튀르(p.186 참조) …… 30g

만드는 방법

1 냄비에 A를 넣고 중불로 끓여서 시럽을 만든다.

2 깊은 트레이에 무화과를 통째로 넣고 1을 붓는다. 랩을 밀착시켜 씌우고 1시간 절인다.

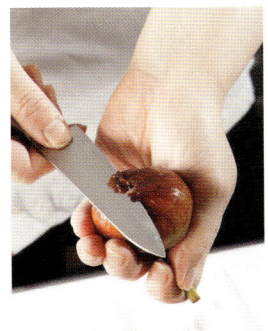

3 무화과를 꺼내 키친타월로 시럽을 닦아내고 아랫부분을 조금 잘라낸다.

4 오븐팬에 나란히 올리고 댐퍼를 닫은 100℃ 오븐에서 60~80분 굽는다.

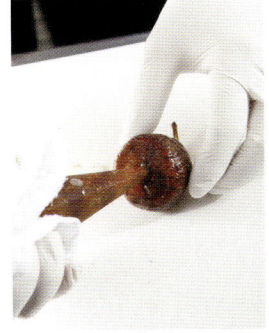

5 짤주머니에 넣은 무화과 팥 콩피튀르를 잘라낸 부분을 통해 무화과 속에 짜 넣는다.

memo
• 무화과를 절인 시럽은 무화과 레드와인 소스(위)를 만들 때 사용한다.
• 무화과 크기에 따라 굽는 시간을 조절한다.
• 상온에서 1일 보관할 수 있다.

스페퀼로스 스파이스

재료 11.3g 분량
시나몬파우더 …… 5.5g
넛메그파우더 …… 1.3g
진저파우더 …… 1.3g
클로브(정향)파우더 …… 0.8g
카르다몸 …… 0.8g
아니스파우더 …… 0.8g
블랙페퍼 …… 0.8g

만드는 방법
볼에 모든 재료를 넣어 섞는다.

memo
- 보관할 때는 건조제와 함께 밀폐용기에 넣어 상온에서 보관한다. 각 향신료의 유통기한까지 보관할 수 있다.

스페퀼로스 스파이스 크럼블

재료 20접시 분량(만들기 편한 분량), 8g 사용(1접시)
버터 …… 90g
A 베르주아즈(첨채당) …… 75g
　소금 …… 0.8g
　스페퀼로스 스파이스(위 참조) …… 3g
B 우유 …… 7.5g
　달걀노른자 …… 18g
C 박력분 …… 94.5g
　강력분 …… 94.5g

준비

1 믹서볼에 버터를 넣고 믹서(중속)로 섞어서 크림상태를 만든다.

2 **A**, 섞어놓은 **B**, 섞어서 체친 **C**를 넣고, 넣을 때마다 가루 느낌이 없어지도록 잘 섞어서 냉장고에 하루 그대로 둔다.

memo
- 믹서는 비터를 끼워서 사용한다.
- 굽기 전 반죽은 냉동실에서 3주, 구운 후 반죽은 건조제와 함께 밀폐용기에 넣어 상온에서 5일 보관할 수 있다.

만드는 방법

1 냉장고에서 꺼내 오븐팬 위에 굵은 체를 올리고 손바닥으로 누르면서 내린다.

2 오븐팬에 펼쳐놓고 냉장고에서 15분 정도 식혀서 굳힌다.

3 냉장고에서 꺼내 댐퍼를 연 160℃ 오븐에서 전체가 골고루 노릇해질 때까지 20분 정도 굽는다.

견과류 3종 크리스탈리제

재료 20접시 분량(만들기 편한 분량), 전량 사용

A   피스타치오 ······ 50g
     아몬드 슬리버드 ······ 50g
     호두 ······ 50g

B   그래뉴당 ······ 75g
     물 ······ 30g

만드는 방법

1 A를 댐퍼를 연 170℃ 오븐에서 각각 한 종류씩 노릇해질 때까지 10~15분 구운 다음 굵게 다진다.

2 냄비에 B를 넣고 중불로 118℃까지 끓인다.

3 1을 넣고 불을 끈 다음 겉면에 하얗게 결정이 생길 때까지 섞는다. 평평한 트레이에 넓게 펴서 식힌다.

memo
- 보관할 때는 건조제와 함께 밀폐용기에 넣어 상온에서 보관한다. 7일 보관할 수 있다.

견과류와 스페퀼로스 스파이스 풍미의 아이스크림

재료 20접시 분량(만들기 편한 분량), 15g 사용(1접시)

A   달걀노른자 ······ 110g
     그래뉴당 ······ 80g
     스페퀼로스 스파이스(p.188 참조) ······ 8g

B   우유 ······ 300g
     생크림(유지방 35%) ······ 291g
     꿀 ······ 105g

견과류 3종 크리스탈리제(위 참조) ······ 전량
무화과(반건조, 5mm 깍둑썰기) ······ 100g

만드는 방법

1 볼에 A를 섞는다.

2 냄비에 B를 넣고 중불로 끓인 다음 1에 조금씩 넣어서 섞는다.

3 냄비에 옮기고 약불~중불로 섞으면서 82℃까지 가열한다.

4 시누아로 걸러서 볼에 담는다.

5 얼음물 위에 올려서 10℃ 이하로 식힌다.

6 아이스크림 기계에 넣고 돌리다가 공기가 들어가 하얗게 변하고, 칼날에 아이스크림이 달라붙을 정도가 되면 기계를 멈춘다.

7 견과류 3종 크리스탈리제, 무화과를 넣고 아이스크림 기계를 좀 더 돌려서 섞는다.

memo
- 아이스크림액에 공기가 덜 들어가면 단단해질 수 있으므로 주의한다.
- 냉동실에서 2주 보관할 수 있다.

팽 페르뒤

재료 40개 분량(만들기 편한 분량), 2개 사용(1접시)

- **A** 드라이이스트 …… 1.5g
  - 삼온당 …… 3g
  - 미지근한 물(40℃) …… 30g
- 강력분(체친 것) …… 160g
- **B** 소금 …… 3g
  - 삼온당 …… 25g
- **C** 생크림(유지방 35%) …… 40g
  - 우유 …… 50g
  - 달걀노른자 …… 20g
- 버터(무염) …… 85g
- **D** 달걀 …… 90g
  - 베르주아즈(첨채당) …… 84g
  - 메이플시럽 …… 15g
- 우유 …… 375g
- 녹인 버터(무염) …… 30g

만드는 방법 (사진량 = 재료의 2배)

1 볼에 **A**를 섞는다.

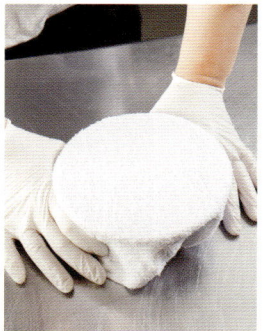

2 젖은 면보를 덮고 상온(28℃)에서 10분 그대로 둔다.

3 체친 강력분과 **B**를 믹서볼에 넣고 섞는다. **2**와 **C**를 넣고 중속으로 5분 반죽한다.

4 상온에서 부드러워진 버터를 조금씩 떼어서 **3**에 넣고, 중속으로 겉면이 매끄러운 상태가 될 때까지 섞는다.

5 한 덩어리로 만들어 식용유(분량 외)를 바른 볼에 담는다.

6 젖은 면보를 덮고 30℃에서 1~1.5시간 발효시킨다.

7 덧가루(분량 외)를 뿌린 작업대 위에서 10등분하여 둥글린 다음, 덧가루(분량 외)를 뿌린 오븐팬 위에 나란히 올린다.

8 젖은 면보를 덮고 30℃에서 1시간 발효시킨다.

9 밀대로 늘리면서 공기를 빼고 가장자리부터 둥글게 말아 반죽을 한 덩어리로 둥글게 성형한다.

10 오븐팬에 실리콘베이킹시트를 깔고 지름 5.5㎝ 세르클틀 안에 식용유(분량 외)를 발라서 올린 다음 **9**를 넣는다.

11 젖은 면보를 덮고 30℃에서 40분 발효시킨다.

12 베이킹시트를 덮고 그 위에 다른 오븐팬 1개를 더 올린다.

13 댐퍼를 닫은 180℃ 오븐에서 전체가 골고루 노릇해질 때까지 15분 정도 굽는다.

14 볼에 **D**를 섞은 다음 따뜻하게 데운 우유를 조금씩 넣으면서 섞는다.

15 녹인 버터를 뜨거울 때 넣고 잘 섞은 다음, 시누아에 걸러서 계량컵에 담는다.

16 빵을 틀에서 꺼내 반으로 자르고 트레이 위에 나란히 올린다. **15**를 빵에 붓고 상온에서 15분 적신다.

17 빵을 반으로 잘라 베이킹시트를 깐 오븐팬에 나란히 올리고, 댐퍼를 연 160℃ 오븐에서 30분 노릇하게 굽는다.

memo
- 믹서는 후크를 끼워서 사용한다.
- 구운 후에는 냉장고에서 3일 보관할 수 있다.

초콜릿 장식

재 료 100g 분량(만들기 편한 분량), 5g 사용(1접시)
A 쇼콜라 누아르(카카오 70% 이상)……50g
B 쇼콜라 누아르(카카오 70% 이상, 다진 것)……100g
보드카(알코올 75% 이상)……적당량

준비

1 내열볼에 **A**를 넣고 500W 전자레인지에 30초씩 몇 번 돌려서 녹인다. 나머지를 다져 넣고 섞는다.

2 **B**를 넣고 500W 전자레인지에 5초씩 몇 번 돌려 30℃가 넘지 않게 녹인 다음 잘 섞는다.

3 스테인레스 칼 끝부분으로 찍어서 잠시 후 단단하게 굳는 것을 확인한다.(굳으면 템퍼링 완료)

만드는 방법

1 템퍼링한 쇼콜라를 짤주머니에 넣고, 냉동실에서 3시간 이상 식혀서 컵에 담은 보드카 속에 짜 넣는다.

2 1을 건져서 키친타월을 깐 트레이 위에 올린다. 냉장고에서 1시간 정도 식혀서 완전히 굳힌다.

memo
- 템퍼링이 잘 되는 최소한의 분량이다.
- 템퍼링을 할 때는 공기가 들어가지 않도록 주의한다.
- 냉장고에서 7일 보관할 수 있다.

통째로 구운 무화과 속에 무화과 팥 콩피튀르를 채우고,
무화과 레드와인 소스, 스페퀼로스 스파이스 풍미의 아이스크림을 곁들인다.
바삭한 팽 페르뒤와 크럼블 등이 경쾌하게 씹히면서 향도 함께 즐길 수 있다.
스페퀼로스 스파이스향이 돋보이는 행복한 디저트.

Savarin à l'orange, pamplemousse et Hassaku
오렌지 자몽 핫사쿠 사바랭

핫사쿠 소스, 오렌지 페이스트, 오렌지 줄레,
자몽 파트 드 프뤼이,
오렌지 줄레와 자몽 파트 드 프뤼이 장식,
오렌지 시럽, 오렌지 체리 사바랭

플레이팅 디자인

오렌지 줄레와 자몽 파트 드 프뤼이 장식
아래는 위부터
오렌지과육,
크렘 파티시에,
생크림

보리지

펜넬꽃

한련화

핫사쿠 소스

오렌지 체리 사바랭

오렌지 페이스트

플레이팅의 기술

그릇 평평한 큰 접시(지름 24㎝)

재료 1인분

오렌지 체리 사바랭 …… 1/2개
생크림(유지방 35%, 90% 휘핑) …… 15g
크렘 파티시에(p.16 참조) …… 10g
오렌지과육(속껍질을 벗겨 한입크기로 자른 것) …… 4쪽 분량
오렌지 줄레와 자몽 파트 드 프뤼이 장식 …… 20g

핫사쿠 소스 …… 18g
오렌지 페이스트 …… 15g
펜넬꽃 …… 적당량
보리지 …… 적당량
한련화 …… 적당량

1 접시에 오렌지 체리 사바랭을 올린다.

2 둥근 깍지 짤주머니에 생크림을 넣고 1 위에 2줄을 나란히 짜서 올린다.

3 다른 짤주머니에 크렘 파티시에를 넣고 2의 생크림 사이에 직선으로 짠다.

4 오렌지과육을 올린다.

5 오렌지 줄레와 자몽 파트 드 프뤼이 장식을 올린다.

6 생크림을 조금 짜서 올린 다음 그 위에 펜넬꽃을 얹고 보리지, 한련화를 장식한다.

7 핫사쿠 소스를 스푼으로 떠서 점무늬를 그린다.

8 오렌지 페이스트를 스푼으로 떠서 7의 가장 큰 핫사쿠 소스 점무늬 위에 얹고, 주위에도 균형을 맞춰 점무늬를 그려넣는다.

핫사쿠 소스

재료 8접시 분량(만들기 편한 분량), 18g 사용(1접시)
- **A** 그래뉴당 …… 14g
  | 옥수수전분가루 …… 3g
- 핫사쿠즙(또는 화이트자몽즙) …… 130g
- 버터 …… 6g
- 만다린 나폴레옹 …… 6g

memo
- 냉장고에서 3일 보관할 수 있다.

만드는 방법

1 볼에 **A**를 잘 섞고 핫사쿠즙 1/4을 넣어 섞는다.

2 냄비에 남은 핫사쿠즙을 넣고 중불로 가열한다. **1**을 섞으면서 가열한다.

3 끓어서 걸쭉해지면 불에서 내리고 버터를 섞는다.

4 볼에 옮겨 얼음물 위에 올려서 40℃로 식힌다. 만다린 나폴레옹을 넣고 핸드블렌더로 섞는다.

오렌지 페이스트

재료 10접시 분량(만들기 편한 분량), 15g 사용(1접시)
- **A** HM펙틴 …… 1.2g
  | 그래뉴당 …… 4.5g
- **B** 오렌지 퓌레 …… 65g
  | 오렌지즙 …… 100g
  | 삼온당 …… 12g
  | 꿀 …… 6g
- 만다린 나폴레옹 …… 6g

memo
- 냉장고에서 3일 보관할 수 있다.

만드는 방법

1 볼에 **A**를 잘 섞고, 다른 볼에 섞어놓은 **B**를 1/4 넣어 섞는다.

2 냄비에 남은 **B**를 넣고 중불로 가열한다.

3 불을 끄고 **1**을 넣어 섞으면서 20% 정도 줄어들 때까지(Brix 60%) 중불로 졸인다.

4 볼에 옮겨 얼음물 위에 올려서 20℃ 이하로 식힌다. 만다린 나폴레옹을 넣고 섞는다.

오렌지 줄레

재 료 15×60㎝ 1장 분량(만들기 편한 분량), 1/2장 사용(1접시)
오렌지즙 …… 75g
한천가루 …… 1g
그랑마르니에 …… 3g

만드는 방법

1 냄비에 오렌지즙 65g을 넣고 중불로 끓기 직전까지 가열한 다음 불을 끈다.

2 남은 오렌지즙 10g에 한천가루를 섞고 **1**에 넣어 중불로 가열한다. 끓으면 약불로 줄여서 1분 끓인다.

3 불을 끄고 그랑마르니에를 섞는다.

4 OPP시트를 깐 트레이에 사각 막대 4개로 15×60㎝ 테두리를 만들어서 그 안에 **3**을 붓는다. 스크레이퍼 등으로 얇게 편다.

5 냉장고에서 1시간 식혀서 굳힌다.

6 냉장고에서 꺼내 막대를 빼고 테두리를 직선으로 잘라서 다듬는다. 짧게 반으로 자르고 시트를 떼어낸다.

memo
- 냉장고에서 3일 보관할 수 있다.

자몽 파트 드 프뤼이

재료 15×60㎝ 1장(만들기 편한 분량), 1/2장 사용(1접시)

A 그래뉴당 …… 22.5g
　 HM펙틴 …… 1.2g
화이트자몽즙 …… 165g
꿀 …… 9g
트레할로스 …… 적당량

만드는 방법

1 볼에 **A**를 잘 섞고 자몽즙과 꿀을 넣어 섞는다.

2 냄비에 옮겨 중불로 103℃까지(Brix 70%) 가열한다.

3 OPP시트를 깐 트레이에 사각 막대 4개로 15×60㎝ 테두리를 만들고, 그 안에 **2**를 부어 얇게 편다. 상온에서 하루 말린다.

4 막대를 빼고 테두리를 직선으로 잘라서 다듬는다. 표면에 트레할로스를 뿌리고 짧게 반으로 잘라서 시트를 떼어낸다.

memo
• 상온에서 1주 보관할 수 있다.

오렌지 줄레와 자몽 파트 드 프뤼이 장식

재료 2접시 분량(만들기 편한 분량), 20g 사용(1접시)
오렌지 줄레(p.197 참조) …… 1/2장
자몽 파트 드 프뤼이(p.198 참조) …… 1/2장

만드는 방법
오렌지 줄레 위에 자몽 파트 드 프뤼이를 겹쳐 올리고, 반으로 접어서 3㎜ 너비의 끈모양으로 길게 자른다.

memo
- 냉장고에서 2일 보관할 수 있다.

오렌지 시럽

재료 340g(만들기 편한 분량), 전량 사용

A 오렌지즙 …… 160g
그래뉴당 …… 80g
버터 …… 20g

B 그랑마르니에 …… 50g
리카 …… 38g

만드는 방법

1 냄비에 **A**를 넣고 약불로 저으면서 버터를 녹인다.

2 볼에 옮겨 담는다.

3 얼음물 위에 올려서 40℃까지 식힌다.

4 얼음물에서 꺼내 **B**를 넣고 섞는다.

memo
- 냉장고에서 3일 보관할 수 있다.

오렌지 체리 사바랭

재료 3×8×3㎝ 실리콘틀 8개 분량(만들기 편한 분량), 1/2개 사용(1접시)

- **A** 드라이이스트 …… 6g
  그래뉴당 …… 10g
  따뜻한 물(40℃) …… 20g
- **B** 달걀노른자 …… 16g
  체리 퓌레 …… 100g
  생크림(유지방 35%) …… 20g
- **C** 강력분 …… 126g
  그래뉴당 …… 22g
  버터 …… 16g
  오렌지 시럽(p.199 참조) …… 340g

만드는 방법

1 볼에 **A**를 넣어 살짝 섞고 랩을 씌워, 상온에서 10분 정도 그대로 둔다. (예비발효)

2 다른 볼에 **B**를 섞고 **1**을 조금씩 넣으면서 섞는다.

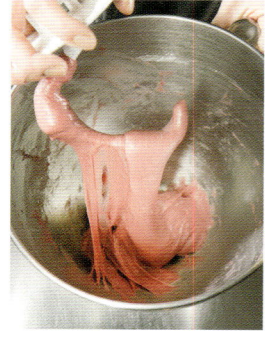

3 **C**를 체쳐서 믹서볼에 넣고 믹서(저속)로 섞은 다음, **2**를 넣어 반죽이 볼에서 떨어질 때까지 중속으로 돌린다.

4 상온에서 부드러워진 버터를 섞어서 한 덩어리로 만든다.

5 볼에 옮겨 랩을 씌우고 30℃에서 30~40분 발효시킨다.

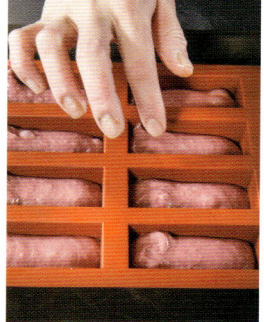

6 짤주머니에 넣고 틀 1/2 높이까지 짠다. 손가락에 식용유(분량 외)를 발라 반죽을 다듬는다.

7 30℃에서 30분 정도 발효시킨다.

8 틀 위에 실리콘베이킹시트(또는 일반 베이킹시트)를 올리고 그 위에 오븐팬 1장을 얹는다.

9 댐퍼를 닫은 170℃ 오븐에서 20분 정도 구운 다음, 위에 얹은 오븐팬만 빼내고 다시 10분 정도 굽는다.

10 오븐에서 꺼내 한 김 식힌 다음 가장자리의 넘친 부분을 잘라내고 정리한다. 수평으로 반 잘라서 트레이에 나란히 올린다.

11 시럽을 붓고 30분 절인다.

memo
- 믹서는 후크를 끼워서 사용한다.
- 발효시킬 때는 30℃ 실내에서 하거나, 오븐의 발효기능을 30℃로 설정한다.
- 냉장고에서 1일 보관할 수 있다.

오렌지, 자몽, 핫사쿠로 사바랭을 만들었다.
반죽에 체리 퓌레를 섞고, 시럽은 조금만 뿌려서 은은하게 마무리한 디저트.
사바랭의 쫄깃한 식감과 풍미를 살려서 깊은 맛을 이끌어냈다.
길게 자른 줄레와 파트 드 프뤼이로 보기에도 상큼하고 존재감 또한 돋보인다.

Combinaison d'avocat, orange et gingembre
아보카도 오렌지 생강 콤비네이션

아보카도 페이스트, 오렌지 콩피튀르,
아보카도 무스, 오렌지 크리스탈리제,
생강 비스퀴 조콩드, 간장 바닐라 아이스크림,
생강 크리스탈리제, 튀일

플레이팅 디자인

- 튀일
- 오렌지 크리스탈리제
- 아보카도 무스
- 생강 크리스탈리제
- 피튜니아
- 머랭
- 생강 비스퀴 조콩드 안은 위부터 간장 바닐라 아이스크림, 아보카도, 오렌지, 오렌지 콩피튀르, 바닐라 크럼블
- 바닐라 크럼블

플레이팅의 기술

그릇 오목한 볼 (지름 21cm, 깊이 8cm)

재료 1인분

오렌지 콩피튀르 …… 8g	아보카도 무스 …… 15g
바닐라 크럼블(p.37 참조) …… 7g	튀일 …… 5장
아보카도(1cm 깍둑썰기) …… 6개	생강 크리스탈리제 …… 5g
오렌지 …… 1/8개	오렌지 크리스탈리제 …… 3g
간장 바닐라 아이스크림 …… 1개	머랭(p.38 참조) …… 3개
생강 비스퀴 조콩드 …… 1개	피튜니아 …… 적당량

1 그릇 바닥에 오렌지 콩피튀르를 놓고 주위에 바닐라 크럼블 5g을 뿌린다.

2 아보카도와 한입크기로 자른 오렌지를 올린다.

3 간장 바닐라 아이스크림을 15㎖ 스쿱으로 떠서 얹는다.

4 생강 비스퀴 조콩드를 뚜껑을 덮듯이 올린다.

5 아보카도 무스로 덮고 튀일을 장식한다.

6 생강 크리스탈리제를 뿌리고 오렌지 크리스탈리제를 올린다.

7 머랭을 얹고 주위에 남은 바닐라 크럼블 2g을 뿌린다.

8 피튜니아를 장식한다.

아보카도 페이스트

재료 10접시 분량(만들기 편한 분량), 50g 사용
아보카도과육 …… 110g
레몬즙 …… 12.5g
그랑마르니에 …… 2g
삼온당 …… 30g

만드는 방법
볼에 모든 재료를 넣고 핸드블렌더로 페이스트상태까지 돌린 다음, 고운체에 내린다.

memo
- 냉장고에서 1일 보관할 수 있다.

오렌지 콩피튀르

재료 20접시 분량(만들기 편한 분량), 8g 사용(1접시)
오렌지껍질 …… 33g
A 오렌지과육 …… 75g
  물 …… 100g
  그래뉴당 …… 37g
오렌지 퓌레 …… 30g

준비

껍질을 씻어서 끓는 물(분량 외)에 데치고 물은 버린다. 이 과정을 2번 더 반복한다.

만드는 방법

1 껍질 안쪽 하얀 부분을 제거하고 3mm 깍둑썰기를 한다.

2 냄비에 **1**과 **A**를 넣고 걸쭉하고 껍질이 부드러워질 때까지 (Brix 40%) 중불로 가열한다.

3 불에서 내려 오렌지 퓌레를 섞고 볼에 옮겨 담는다. 얼음물 위에 올려서 식힌다.

memo
- 껍질이 부드러워질 때까지 가열하는데, 중간에 물이 부족해지면 보충한다.
- 냉동실에서 2주 보관할 수 있다.

아보카도 무스

재 료 4접시 분량(만들기 편한 분량), 15g 사용(1접시)
아보카도 페이스트(p.204 참조) …… 50g
생크림(유지방 35%, 80% 휘핑) …… 20g

만드는 방법
볼에 모든 재료를 넣고 살짝 섞는다.

memo
- 냉장고에서 1일 보관할 수 있다.

오렌지 크리스탈리제

재 료 10접시 분량(만들기 편한 분량), 3g 사용(1접시)
오렌지껍질(하얀 속껍질을 제거한 것) …… 30g
그래뉴당 …… 100g
물 …… 200g

만드는 방법

1 끓는 물(분량 외)에 깨끗이 씻은 오렌지껍질을 넣어 데치고 물은 버린다. 이 과정을 2번 더 반복하고 가늘게 끈모양으로 채썬다.

2 냄비에 **1**, 그래뉴당, 물을 넣고 중불로 끓여서 시럽을 만든 다음, **1**을 넣어 껍질이 부드러워질 때까지 가열한다.

3 키친타월에 올려 시럽을 살짝 닦아내고, 그래뉴당(분량 외)을 넣은 볼에 넣고 전체를 골고루 버무린다.

4 베이킹시트를 깐 오븐팬에 넓게 펼쳐놓고, 상온에서 반나절 건조시킨다.

memo
- 오렌지껍질이 투명하고 부드러워질 때까지(Brix 55%) 가열하고, 중간에 물이 부족해지면 물(분량 외)을 보충한다.
- 보관할 때는 건조제와 함께 밀폐용기에 넣어 상온에서 보관한다. 7일 보관할 수 있다.

생강 비스퀴 조콩드

재 료 지름 7cm 실리콘반구형틀 30개 분량(만들기 편한 분량), 1개 사용(1접시)

생강(껍질 벗긴 것) …… 31g
달걀 …… 118g
슈거파우더 …… 58.2g
아몬드파우더 …… 61g
박력분 …… 22g
버터 …… 40g
쇼콜라 누아르(알갱이) …… 200g

만드는 방법

1 생강을 잘라서 푸드프로세서(고속)에 갈아 페이스트에 가까운 상태로 만든다.

2 믹서볼에 달걀과 슈거파우더를 넣고 중탕으로 섞으면서 50℃까지 데운다.

3 중탕에서 꺼내 아몬드파우더를 넣고, 믹서(중속)로 하얗고 찰기가 생길 때까지 거품을 낸다.

4 박력분을 체쳐서 **3**에 넣고 고무주걱으로 섞는다.

5 볼에 버터를 넣고 중탕으로 녹이고, 뜨거울 때 **1**을 넣어 으깨듯이 섞는다.

6 **5**에 **4**를 먼저 조금 섞는다.

7 **4**에 **6**을 넣고 골고루 섞는다.

8 베이킹시트를 깐 오븐팬에 약 5mm 두께로 넓게 편다.

9 오븐팬 밑에 다른 오븐팬을 1장 더 겹쳐서 댐퍼를 닫은 170℃ 오븐에 넣고, 가볍게 색이 나도록 15분 정도 굽는다.

10 오븐팬을 모두 빼고 식힘망 위에 올려 한 김 식힌다. 망을 빼고 겉의 구운 면을 제거한다.

11 지름 10㎝ 세르클틀로 둥글게 찍어낸 다음, 1/8 조각을 잘라낸다.

12 지름 7㎝ 반구형틀에 깔고 틈이 생기면 잘라놓은 1/8로 적당히 틈을 메운다.

13 내열볼에 쇼콜라 1/2을 넣고 500W 전자레인지에 30초씩 몇 번 돌려 섞으면서 녹인다. 48℃로 맞춘다.

14 남은 쇼콜라를 넣고 공기가 들어가지 않게 잘 섞는다.

15 녹으면 온도를 측정하여 27℃ 이하면 다시 500W 전자레인지에 넣고, 5초 간격으로 가열하여 32℃까지 온도를 올린다.

16 **12**에 솔로 **15**를 얇게 바르고, 냉장고에서 30분 식혀서 굳힌다.

memo

- 믹서는 휘퍼를 끼워서 사용한다.
- 냉장고에서 2일 보관할 수 있다.

간장 바닐라 아이스크림

재료 25접시 분량(만들기 편한 분량), 1개 사용(1접시)

A 우유 …… 140g
생크림(유지방 35%) …… 140g
그래뉴당 …… 47.5g
바닐라빈 …… 1/3개 분량

B 달걀노른자 …… 52g
그래뉴당 …… 47.5g
캐러멜(p.86 참조) …… 42.7g
간장(고이쿠치) …… 12g

만드는 방법

1 냄비에 **A**를 넣고 중불로 끓여서 불을 끄고, 랩을 씌워 1시간 그대로 둔다.

2 1을 다시 중불로 끓인 다음, 볼에 넣고 잘 섞어둔 **B**에 조금씩 넣으면서 섞는다.

3 냄비에 옮겨 중불~약불로 82℃까지 섞으면서 가열한다.

4 체에 걸러서 볼에 담고 캐러멜을 넣어 핸드블렌더로 섞는다.

5 얼음물 위에 올려 10℃ 이하로 식힌다.

6 얼음물에서 꺼내 간장을 넣고 섞는다.

7 아이스크림기계에 넣고 돌리다가 공기가 들어가 하얗게 변하고, 칼날에 아이스크림이 달라붙을 정도가 되면 기계를 멈춘다.

memo
- 아이스크림액에 공기가 덜 들어가면 단단해질 수 있으므로 주의한다.
- 플레이팅할 때는 15㎖ 아이스크림 스쿱으로 1개를 떠서 담는다.
- 냉동실에서 2주 보관할 수 있다.

생강 크리스탈리제

재료 10접시 분량(만들기 편한 분량), 5g 사용(1접시)
생강······ 105g
그래뉴당······ 112g

만드는 방법

1 생강은 껍질을 벗기고 물에 씻은 다음 키친타월로 물기를 닦고 가늘게 채썬다.

2 끓는 물(분량 외)에 **1**을 넣고 3분 동안 데쳐서 체로 건진다. 이 과정을 1번 더 반복한다.

3 냄비에 **2**와 그래뉴당을 넣고 잠길 정도로 물(분량 외)을 부어, 거품을 걷어내면서 중불로 가열한다.

4 생강을 키친타월에 올려 시럽을 제거한 다음, 베이킹시트를 깐 오븐팬 위에 넓게 펼쳐놓고 상온에서 3일 말린다.

5 표면에 하얀 결정이 생기고 끈적거리지 않게 되면 잘게 다진다.

memo

- 생강은 투명하고 부드러워질 때까지(Brix 55%) 가열하고, 중간에 물이 부족해지면 물(분량 외)을 보충한다.
- 보관할 때는 건조제와 함께 밀폐용기에 넣어 상온에서 보관한다. 7일 보관할 수 있다.

튀일

재료 50장 분량(만들기 편한 분량), 5장 사용(1접시)
버터 …… 50g
물 …… 50g
박력분 …… 50g
그래뉴당 …… 100g

만드는 방법

1 볼에 중탕으로 녹인 버터와 물을 넣고 살짝 섞는다.

2 다른 볼에 체친 박력분과 그래뉴당을 잘 섞는다. 1을 넣고 가루 느낌이 없어질 때까지 섞는다.

3 OPP시트로 만든 짤주머니에 2를 넣는다. 오븐팬에 실리콘베이킹시트를 깔고 2㎝ 간격을 두고 지름 약 1㎝로 둥글게 짠다.

4 댐퍼를 연 200℃ 오븐에서 노릇해질 때까지 8분 정도 굽는다.

memo
- 보관할 때는 건조제와 함께 밀폐용기에 넣어 상온에서 보관한다. 5일 보관할 수 있다.

아보카도에 서로 잘 어울리는 오렌지와 감칠맛을 살려주는 간장을 조합하여 만든 디저트.
맛을 결정하는 메인은 아보카도 무스를 듬뿍 올린 생강 비스퀴 조콩드 속에 숨어 있다.
아보카도가 디저트에서는 보기드문 재료인 만큼 색다른 매력을 살려서 만들었다.

Pêches jaunes rôties et parfumées aux clous de girofle

클로브향 황도 로티

쇼콜라 블랑 무스, 생강 패션프루트 소스,
사과 레몬 나파주, 황도 로티,
황도 살구 콩피튀르, 황도 튀일,
클로브(정향) 아이스크림,
아몬드 캐러멜리제, 잣 크리스탈리제

플레이팅 디자인

플레이팅의 기술

그릇 평평한 큰 접시(지름 24cm)

재 료 1인분

생강 패션프루트 소스 …… 20g
황도 로티 …… 1개
잣 크리스탈리제 …… 7g
아몬드 캐러멜리제 …… 4알
황도 로티 국물 …… 5g

쇼콜라 블랑 무스 …… 1개
클로브(정향) 아이스크림 …… 2개
황도 튀일 …… 지름 2.8cm 3장, 지름 3.5cm 1장
서양톱풀잎 …… 적당량
팬지 …… 적당량

노랑코스모스 …… 적당량
버베나 …… 적당량
펜넬꽃 …… 적당량

1 생강 패션프루트 소스를 스푼으로 떠서 접시에 선을 그린다.

2 황도 로티를 올린다.

3 잣 크리스탈리제를 뿌린다.

4 아몬드 캐러멜리제를 올린다.

5 황도 로티 국물을 짤주머니에 넣고 점무늬를 그린다.

6 서양톱풀잎, 팬지, 노랑코스모스, 버베나, 펜넬꽃으로 장식한다.

7 쇼콜라 블랑 무스를 올린다

8 클로브(정향) 아이스크림을 놓는다.

9 큰 황도 튀일을 쇼콜라 블랑 무스 위에, 작은 튀일을 클로브(정향) 아이스크림 위에 올린다.

쇼콜라 블랑 무스

재료 지름 4.5cm 실리콘반구형틀 7개 분량(만들기 편한 분량),
1개 사용(1접시)
쇼콜라 블랑 무스 반죽(p.52 참조)······200g
황도 살구 콩피튀르(p.216 참조)······10g
초콜릿색소(오렌지색, 노란색)······적당량

memo
- 냉동실에서 3일 보관할 수 있다.
- p.52〈쇼콜라 블랑 무스〉만드는 방법 **1~6**, p.136~137〈망고형 쇼콜라 블랑 몰드〉만드는 방법 **1~3**을 참조한다.

만드는 방법

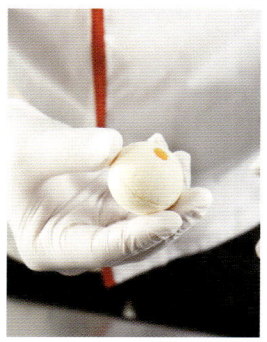

1 p.52를 참조하여 반죽을 만들어 짤주머니에 넣고 지름 4.5cm 반구형틀에 짜 넣는다. 냉동실에서 3시간 얼린다. p.136~137를 참조하여 공모양으로 만든다.

2 트레이 위에 구멍이 아래로 오게 올리고, 에어브러시로 노란색 초콜릿색소를 뿌린다.

3 초콜릿색소를 오렌지색으로 바꿔서 위쪽에만 뿌린다.

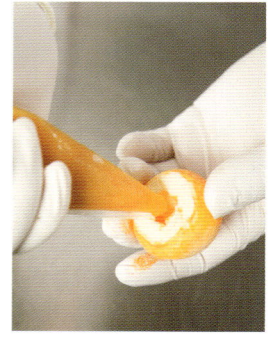

4 짤주머니에 황도 살구 콩피튀르를 넣고 구멍 속에 짜 넣는다.

생강 패션프루트 소스

재료 12접시 분량(만들기 편한 분량), 20g 사용(1접시)

A	그래뉴당······48g	B	그래뉴당······60g	쇼콜라 블랑(카카오 36%)······24g
	HM펙틴······5.38g		물엿······42g	레몬즙······22.5g
패션프루트 퓌레······15g			패션프루트 퓌레······50g	버터······40.5g
			망고 퓌레······15g	
			생강(다진 것)······30g	
			소금······1.5g	

memo
- 냉동실에서 2주 보관할 수 있다.

만드는 방법 (사진량=재료의 2배)

1 볼에 **A**를 잘 섞고 패션프루트 퓌레를 조금씩 넣으면서 섞는다.

2 냄비에 **B**를 넣고 중불에 올려 **1**을 넣고 걸쭉해질 때까지(Brix 50%) 가열한다.

3 체에 걸러서 볼에 담고 쇼콜라와 레몬즙을 섞어서 유화시킨다. 얼음물 위에 올려 35℃까지 식힌다.

4 얼음물에서 꺼내 상온에서 부드러워진 버터를 넣고, 핸드블렌더로 섞어서 유화시킨다.

사과 레몬 나파주

재료 20접시 분량(만들기 편한 분량), 적당량 사용

A 물 …… 112.5g 사과 리큐어 …… 10g
  그래뉴당 …… 18g 레몬즙 …… 10g
B HM펙틴 …… 2.7g
  그래뉴당 …… 2.5g

memo
• 냉장고에서 3일 보관할 수 있다.

만드는 방법

1 냄비에 A를 넣고 중불에 가열한 다음, 미리 볼에 섞어놓은 B에 조금 넣고 섞는다.

2 1을 다시 냄비에 옮겨 중불로 걸쭉해질 때까지 가열한다.

3 볼에 옮기고 얼음물 위에 올려 저으면서 식힌다.

4 얼음물에서 꺼내 사과 리큐어와 레몬즙을 섞는다.

황도 로티

재료 3×8×3㎝ 실리콘틀 4개 분량(만들기 편한 분량), 1개 사용(1접시)

황도 …… 2개 럼주 …… 20g
버터 …… 30g 그래뉴당 …… 적당량
A 그래뉴당 …… 32g 사과 레몬 나파주(위 참조) …… 적당량
  살구 퓌레 …… 140g

만드는 방법

1 황도는 껍질째 반으로 자르고 씨를 제거하여 4등분한다.

2 프라이팬에 버터를 넣고 황도와 씨를 색이 날 때까지 중불로 가열한다.

3 A를 넣고 황도 껍질이 벗겨질 때까지 중불로 가열한 다음, 럼주를 넣고 다시 가열한다.

4 3의 황도를 1㎝ 깍둑썰기를 해서 틀에 넣는다.

 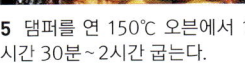 

5 댐퍼를 연 150℃ 오븐에서 1시간 30분~2시간 굽는다.

6 오븐에서 꺼내 한 김 식히고 트레이 위에 올려, 그래뉴당을 뿌리고 토치로 그슬린다.

7 붓으로 나파주를 발라 윤기를 낸다.

memo
• 황도를 가열할 때 나오는 국물은 플레이팅할 때 소스로 활용한다.
• 냉장고에서 3일 보관할 수 있다.

황도 살구 콩피튀르

재료 12접시 분량(만들기 편한 분량), 60g 사용
황도 …… 250g   클로브(정향, 통째로) …… 1알
살구(반건조) …… 25g   레몬즙 …… 1g
삼온당 …… 85g   클로브(정향)파우더 …… 적당량

memo
- 냉장고에서 7일 보관할 수 있다.

만드는 방법 (사진량 = 재료의 2배)

1 황도는 껍질을 벗기고 씨를 제거하여 1cm 깍둑썰기를 하고, 살구는 잘게 썬다.

2 냄비에 1과 삼온당, 클로브(정향)를 넣고 걸쭉해질 때까지(Brix 40~45%) 중불로 가열한다.

3 볼에 옮기고 얼음물 위에 올려서 식힌다.

4 얼음물에서 꺼내 레몬즙을 넣고, 클로브(정향)파우더를 원하는 만큼 넣고 섞는다.

황도 튀일

재료 30×30cm 1장 분량(만들기 편한 분량), 지름 2.8cm 3장, 지름 3.5cm 1장 사용 (1접시)
황도 살구 콩피튀르(위 참조) …… 50g

만드는 방법

 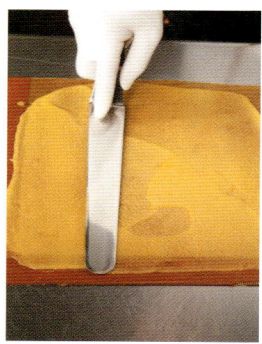 

1 볼에 황도 살구 콩피튀르를 넣고 핸드블렌더로 페이스트상태를 만든다.

2 실리콘베이킹시트에 30×30cm로 펴고, 댐퍼를 연 100℃ 오븐에서 10분 구워 표면을 말린다. 지름 3.5cm, 2.8cm 세르클틀로 찍어낸다.

3 댐퍼를 연 90~100℃ 오븐에서 2~3시간 구운 다음, 실리콘 베이킹시트에서 떼어낸다.

memo
- 보관할 때는 건조제와 함께 밀폐용기에 넣어 상온에서 보관한다. 3일 보관할 수 있다.

클로브(정향) 아이스크림

재료 22접시 분량(만들기 편한 분량), 2개 사용(1접시)

A 우유 …… 364g
　생크림(유지방 35%) …… 100g
　그래뉴당 …… 30g
　클로브(정향, 통째로) …… 2알

B 달걀노른자 …… 60g
　꿀 …… 70g
　트레할로스 …… 30g
　초콜릿색소(오렌지색, 노란색) …… 적당량

만드는 방법

1 냄비에 **A**를 넣고 중불에 끓인 다음, 불에서 내리고 랩을 씌워 10분 뜸을 들인다.

2 볼에 **B**를 섞고 **1**에 넣어 중불로 82℃까지 끓인다.

3 체에 걸러서 볼에 담고 얼음물 위에 올려 10℃ 이하로 식힌다.

4 아이스크림기계에 넣고 돌리다가 공기가 들어가 하얗게 변하고, 칼날에 아이스크림이 달라붙을 정도가 되면 기계를 멈춘다.

5 과일볼러로 작은 볼을 만들고, 에어브러시로 초콜릿색소를 노란색 → 오렌지색 순서로 뿌린다.

memo
- 아이스크림액에 공기가 덜 들어가면 단단해질 수 있으므로 주의한다.
- 냉동실에서 7일 보관할 수 있다.

아몬드 캐러멜리제

재료 10접시 분량(만들기 편한 분량), 4알 사용(1접시)
아몬드(껍질 제거한 것)······100g
그래뉴당······100g
물······20g

만드는 방법

1 아몬드는 댐퍼를 연 160℃ 오븐에서 살짝 노릇해지게 15분 정도 굽는다.

2 냄비에 그래뉴당과 물을 넣고 중불로 106℃까지 끓인다.

3 **1**을 넣고 불을 끈 다음 표면에 하얀 결정이 생길 때까지 골고루 섞는다.

4 다시 중불에서 진한 캐러멜색이 날 때까지 가열한다.

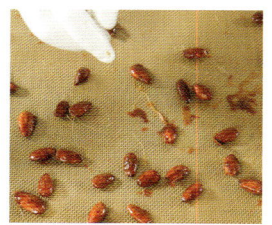
5 실리콘베이킹시트를 깐 오븐팬에 **4**를 넓게 펼쳐놓고, 식용유(분량 외)를 바른다. 내열장갑을 끼고 붙어 있는 아몬드를 떼낸다.

memo
- 캐러멜리제 아몬드는 매우 뜨겁기 때문에 내열장갑을 끼고 작업한다.
- 보관할 때는 건조제와 함께 밀폐용기에 넣어 상온에서 보관한다. 7일 보관할 수 있다.

잣 크리스탈리제

재료 10접시 분량(만들기 편한 분량), 7g 사용(1접시)
잣······50g
그래뉴당······25g
물······10g

만드는 방법

1 잣을 댐퍼를 연 160℃ 오븐에서 살짝 노릇해질 때까지 15분 정도 굽는다.

2 냄비에 그래뉴당과 물을 넣고 중불로 106℃까지 가열한다.

3 **1**을 넣고 불을 끈 다음, 표면에 하얀 결정이 생길 때까지 섞는다. 오븐팬에 넓게 펼쳐놓고 식힌다.

memo
- 보관할 때는 건조제와 함께 밀폐용기에 넣어 상온에서 보관한다. 7일 보관할 수 있다.

신맛과 단맛의 밸런스가 좋으며, 탄력 있는 황도를 럼주와 함께 구워
패션프루트, 클로브(정향), 생강으로 만든 구성요소와 함께
이국적인 풍미의 디저트로 조합하였다.
쇼콜라 무스에는 황도 살구 콩피튀르가 숨겨져 있어
작은 놀라움도 선사한다.

Mariage de légumes et fruits
채소 과일 마리아주

당근 페이스트, 당근 무스,
당근 프랑부아즈 소스, 리치 풍미의 크렘 푸에테,
리치 소르베, 루바브 콩포트,
채소 과일 소스, 파프리카 콩피튀르

플레이팅 디자인

리치 소르베
아래는
리치 풍미의 크렘 푸에테

루바브

오렌지
위에는
채소 과일 소스

포도

루바브 콩포트

망고

피튜니아

당근

파프리카 콩피튀르
아래는 위부터
당근 무스,
크렘 파티시에

당근 프랑부아즈 소스

플레이팅의 기술

그릇 평평한 큰 접시(지름 30.5cm)

재료 1인분

당근 프랑부아즈 소스 ····· 20g
루바브 콩포트 ····· 8개
크렘 파티시에(p.16 참조) ····· 10g
포도(2mm 슬라이스) ····· 4장
당근 무스 ····· 1개

리치 풍미의 크렘 푸에테 ····· 15g
오렌지(1cm 깍둑썰기) ····· 3개
망고(1cm 깍둑썰기) ····· 3개
채소 과일 소스 ····· 10g
파프리카 콩피튀르 ····· 10g

리치 소르베 ····· 2개
루바브(신선한 것) ····· 적당량
당근 ····· 적당량
피튜니아 ····· 적당량

1 스푼으로 당근 프랑부아즈 소스를 떠서 접시에 무늬를 그린다.

2 루바브 콩포트를 올린다.

3 2의 가운데에 크렘 파티시에를 올리고 콩포트 사이사이에 포도를 1장씩 세운다.

4 당근 무스를 올리고 그 위에 리치 풍미의 크렘 푸에테를 럭비공모양(크넬)으로 얹는다.

5 4 주변에 오렌지와 망고를 번갈아 올리고 그 위에 채소 과일 소스를 뿌린다.

6 파프리카 콩피튀르를 올린다.

7 필러로 얇게 벗긴 당근과 루바브를 동그랗게 말아서 장식한다.

8 피튜니아를 장식하고 리치 소르베를 올린다.

당근 페이스트

재료 160g(만들기 편한 분량), 전량 사용
당근 …… 180g
그래뉴당 …… 페이스트상태 당근 분량의 20%

memo
• 냉동실에서 2일 보관할 수 있다.

만드는 방법

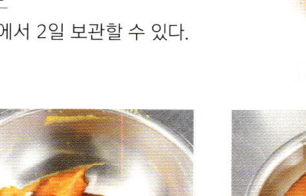
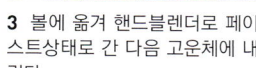

1 당근 껍질을 벗겨 1㎝ 깍둑썰기를 한다.

2 냄비에 1을 넣고 잠길 정도로 물(분량 외)을 부어 중불로 가열한다. 끓기 시작하면 뚜껑을 덮고 약불로 줄여서 부드러워질 때까지 가열한다.

3 볼에 옮겨 핸드블렌더로 페이스트상태로 간 다음 고운체에 내린다.

4 따뜻할 때 계량하여 무게의 20%에 해당되는 그래뉴당을 섞는다.

당근 무스

재료 지름 4.5㎝ 실리콘반구형틀 15개 분량(만들기 편한 분량), 1개 사용(1접시)
당근 페이스트(위 참조) …… 90g
패션프루트 퓌레 …… 10g
판젤라틴 …… 1.1g
생크림(유지방 35%, 80% 휘핑) …… 30g

memo
• 냉동실에서 7일 보관할 수 있다.

만드는 방법

1 냄비에 당근 페이스트와 패션프루트 퓌레를 넣고 중불로 가열한다.

2 얼음물(분량 외)에 불린 판젤라틴을 넣고 녹인다. 볼에 옮겨 얼음물 위에서 28℃까지 섞으면서 식힌다.

3 생크림을 섞는다.

4 짤주머니에 넣어 반구형틀에 짜고 냉동실에서 2시간 식혀서 굳힌다.

당근 프랑부아즈 소스

재료 6접시 분량(만들기 편한 분량), 20g 사용(1접시)
A 당근 페이스트(위 참조) …… 57g
　우유 …… 25g
프랑부아즈 퓌레 …… 적당량

memo
• 냉장고에서 5일 보관할 수 있다.

만드는 방법
볼에 **A**를 섞고 프랑부아즈 퓌레를 넣으면서 오렌지색이 되게 조절한다.

리치 풍미의 크렘 푸에테

재료 7접시 분량(만들기 편한 분량), 15g 사용(1접시)
생크림(유지방 35%) …… 100g
리치 리큐어 …… 1g

만드는 방법
믹서볼에 생크림과 리치 리큐어를 넣고 중속으로 80% 휘핑한다.

memo
- 믹서는 휘퍼를 끼워서 사용한다.
- 냉장고에서 1일 보관할 수 있다.

리치 소르베

재료 40개 분량(만들기 편한 분량), 2개 사용(1접시)
리치 퓌레 …… 300g   레몬즙 …… 15g
그래뉴당 …… 40g   트리몰린(전화당) …… 13g
사워크림 …… 30g   리치 리큐어 …… 16g

만드는 방법

1 볼에 모든 재료를 골고루 섞고 얼음물 위에서 10℃ 이하로 식힌다.

2 아이스크림기계에 넣고 돌리다가 공기가 들어가 하얗게 변하고, 칼날에 아이스크림이 달라붙을 정도가 되면 기계를 멈춘다.

3 OPP시트를 깐 작업대에 **2**를 올리고, 그 위에 시트 1장을 더 덮는다. 밀대로 1cm 두께로 민다.

4 냉동실에서 3시간 굳힌 다음 꺼내서 1cm 깍둑썰기를 한다.

memo
- 아이스크림액에 공기가 덜 들어가면 단단해질 수 있으므로 주의한다.
- 1cm 굵기의 사각막대를 양옆에 두고 밀면 쉽게 균일한 두께로 밀 수 있다.
- 냉동실에서 2주 보관할 수 있다.

루바브 콩포트

재 료 10접시 분량(만들기 편한 분량), 8개 사용(1접시)
루바브(신선한 것) …… 100g
삼온당 …… 40g
그래뉴당 …… 20g
화이트와인 …… 루바브가 잠길 정도의 양
오렌지(큰 것, 1cm 슬라이스) …… 1/2개 분량

만드는 방법

1 루바브는 껍질째 2cm 길이로 자른다.

2 냄비에 **1**과 나머지 재료를 넣고 중불로 가열해서 끓으면 불을 끈다.

3 볼에 옮겨 랩을 밀착시켜서 씌우고, 상온에서 천천히 맛이 배게 한다.

memo
- 루바브는 금방 부드러워지므로 주의한다.
- 냉장고에서 3일 보관할 수 있다.

채소 과일 소스

재 료 15접시 분량(만들기 편한 분량), 10g 사용(1접시)
당근(껍질째, 5mm 깍둑썰기) …… 50g
파프리카(빨강, 껍질째, 1cm 깍둑썰기) …… 50g
토마토(껍질째, 2cm 깍둑썰기) …… 40g
포도(껍질째, 씨 제거, 2등분) …… 100g
오렌지과육(2등분) …… 100g
삼온당 …… 72g

만드는 방법

1 냄비에 모든 재료를 넣고 약불로 졸인다.

2 핸드블렌더로 갈아서 퓌레상태를 만들어, 체에 거르고 고무주걱으로 눌러 짜서 볼에 담는다.

memo
- 냉동실에서 2주 보관할 수 있다.

파프리카 콩피튀르

재 료 20접시 분량(만들기 편한 분량), 10g 사용(1접시)
파프리카(데쳐서 껍질 제거, 1cm 깍둑썰기) …… 100g
파인애플 퓌레 …… 100g
프랑부아즈 퓌레 …… 20g
삼온당 …… 30g

만드는 방법
냄비에 모든 재료를 넣고 부드러워질 때까지(Brix 40%) 약불로 가열한다.

memo
- 냉동실에서 2주 보관할 수 있다.

당근, 파프리카, 토마토를 메인으로 한 채소가 주인공인 디저트.
루바브, 프랑부아즈, 리치를 효과적으로 등장시켜
요리가 아닌 디저트로 만들었다.
채소는 과일보다 섬유질이 많아 다양한 모양으로 연출할 수 있어
움직임이 느껴지는 디저트를 만들 수 있다.

Fondant aux marrons, saveur d'automne
가을 마리아주, 밤 퐁당

밤조림, 마롱 풍미의 크렘 푸에테,
마롱 퐁당, 마롱 크림, 마롱 무스,
단호박 소스, 블랙커런트 무스, 고구마칩,
로즈메리 풍미의 크렘 파티시에

플레이팅 디자인

플레이팅의 기술

그릇 얕고 큰 접시(지름 24cm)

재료 1인분

로즈메리 풍미의 크렘 파티시에 …… 15g
마롱 풍미의 크렘 푸에테 …… 20g
밤조림 …… 1.5알
블랙커런트 무스 …… 3개
마롱 크림 …… 30g

마롱 무스(4등분) …… 1개
마롱 퐁당 …… 1개
단호박 소스 …… 20g
고구마칩 …… 1장
머랭(p.38 참조) …… 2개

바닐라 크럼블(p.37 참조) …… 5g
럼주 아이스크림(p.26 참조) …… 1개
초콜릿 장식(p.192 참조) …… 5g
한련화잎 …… 적당량
단풍잎 …… 적당량

1 로즈메리 풍미의 크렘 파티시에를 스푼으로 떠서 접시에 선을 그린다.

2 마롱 풍미의 크렘 푸에테를 럭비공모양(크넬)으로 올린다.

3 밤조림을 올리고 블랙커런트 무스를 얹는다.

4 마롱 크림을 짤주머니에 넣어서 밤조림 옆에 짜고, 마롱 무스를 올린다.

5 마롱 퐁당을 올리고 단호박 소스를 스푼으로 곁들인다.

6 한련화잎을 장식하고 고구마칩과 머랭을 올린 다음, 바닐라 크럼블을 뿌린다.

7 럼주 아이스크림을 15㎖ 스쿱으로 1개 떠서 올린다.

8 단풍잎과 초콜릿 장식으로 꾸민다.

밤조림

재 료 15접시 분량(만들기 편한 분량), 1.5알 사용(1접시)
밤(큰 것, 껍질째) …… 500g
베이킹소다 …… 14g
삼온당 …… 275g

만드는 방법 (사진량 = 재료의 2배)

1 큰 냄비에 밤을 넣고 잠길 정도로 물(분량 외)을 부어, 중불로 10분 정도 가열한다.

2 불에서 내려 밤을 건져내고 속껍질을 남긴 채 겉껍질만 벗긴다.

3 냄비에 **2**의 밤을 넣고 잠길 정도로 물(분량 외)을 부은 다음, 베이킹소다 1/3을 넣어 중불에서 5분 가열한다. 다시 약불로 5분 가열한다.

4 뜨거운 물을 따라내고 밤을 불에 옮긴 다음, 밤이 마르지 않게 물(분량 외)을 부어 놓는다.

5 물(분량 외)을 갈고 남아 있는 단단한 껍질을 1알씩 손으로 제거한다.

6 냄비에 밤이 잠길 정도로 물(분량 외)을 붓고 베이킹소다 1/3을 넣어 중불로 가열하고, 끓으면 약불로 5분 가열한다. 이 과정을 1번 더 반복한다.

7 베이킹소다를 넣지 않고 **6**의 과정을 2번 더 반복한 다음, 삼온당 1/3을 넣어 같은 방법으로 가열하고, 하룻밤 그대로 둔다.

8 **7**의 과정을 다시 2번 더 반복하고 체에 걸러 밤과 시럽을 분리한다.

9 밤이 잠길 정도로 시럽을 붓고 남은 시럽은 냄비에 담는다. 시럽에 잠긴 밤에 랩을 밀착시켜 덮고 냉장고에 하루 그대로 둔다.ⓐ

10 냄비에 남은 시럽을 중불에 졸여서 ⓐ에 넣고 윤기를 낸다.

11 볼에서 밤을 건져 반으로 자른다.

memo
- 밤에 구멍이 나 있거나 물에 뜨는 것은 사용하지 않는다.
- 속껍질에 상처가 나지 않게 조심해서 벗긴다.
- 냉동실에서 2주 보관할 수 있다.

마롱 풍미의 크렘 푸에테

재료 10접시 분량(만들기 편한 분량), 20g 사용(1접시)
밤조림(위 참조)······ 30g
생크림(유지방 35%, 70% 휘핑)······ 100g

만드는 방법
볼에 잘게 다진 밤조림과 생크림을 넣고 거품기로 90% 휘핑한다.

memo
- 냉장고에서 1일 보관할 수 있다.

마롱 퐁당

재료 지름5.5cm, 높이4.5cm 세르클틀 4개 분량(만들기 편한 분량), 1개 사용(1접시)

버터 …… 50g
A 마롱 페이스트 …… 141g
　베이킹파우더 …… 2.5g
　그래뉴당 …… 30g
　달걀노른자 …… 73g
　달걀흰자 …… 44g
럼주 …… 8g
밤조림(p.228~229 참조) …… 2알(세르클틀 1개에 1/2알)

만드는 방법

1 믹서볼에 버터를 넣고 믹서(고속)로 돌려서 으깬다. A를 순서대로 넣으면서 찰기가 생기고 윤기가 날 때까지 섞는다. 마지막에 럼주를 섞는다.

2 세르클틀 안쪽에 베이킹시트를 두르고, 바닥에 밤조림 1/2알을 넣는다. 1을 짤주머니에 넣어 약 80%까지 짜 넣고 평평하게 다듬는다.

3 댐퍼를 닫은 180℃ 오븐에서 가운데 부분이 조금 흔들릴 정도로 완전히 익지 않게 8~10분 굽는다.

memo
- 믹서는 비터를 끼워서 사용한다.
- A를 넣으면서 섞을 때 반죽이 분리되면 살짝 중탕한다.
- 굽기 전 반죽은 냉장고에서 1일, 구운 후 반죽은 상온에서 1일 보관할 수 있다.

마롱 크림

재료 13접시 분량(만들기 편한 분량), 30g 사용(1접시)

마롱 페이스트 …… 155g
A 마롱 크림 …… 55g
　마롱 퓌레 …… 72g
　마롱 페이스트 …… 30g
버터 …… 45g
럼주 …… 12g
마롱 리큐어 …… 8g

memo
- 냉동실에서 2주 보관할 수 있다.

만드는 방법

1 볼에 마롱 페이스트를 넣고 부드러워질 때까지 저은 다음, A를 넣고 골고루 섞는다.

2 상온에서 부드러워진 버터를 조금씩 넣으면서 골고루 섞는다.

3 중탕으로 살짝 데우면서 섞어서 부드러운 페이스트상태를 만든다.

4 중탕에서 꺼내 럼주와 마롱 리큐어를 넣어 섞는다.

마롱 무스

재료 지름 4㎝ 실리콘반구형틀 15개 분량(만들기 편한 분량), 1개 사용(1접시)

A 우유 …… 27.5g
　그래뉴당 …… 13.5g
판젤라틴 …… 2.1g
마롱 페이스트 …… 117.5g

B 럼주 …… 2.8g
　생크림(유지방 35%, 70% 휘핑) …… 178g

memo
• 냉동실에서 7일 보관할 수 있다.

만드는 방법 (사진량 = 재료의 2배)

  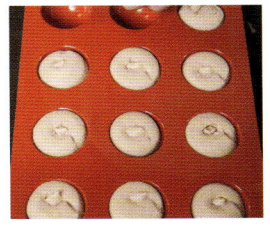 

1 냄비에 **A**를 넣고 중불에 끓이고 불에서 내린다. 얼음물(분량 외)에 불린 판젤라틴을 섞는다.

2 볼에 마롱 페이스트를 담고, **1**을 조금씩 넣으면서 섞는다. 상온에서 28℃로 식히고, **B**를 섞는다.

3 짤주머니에 넣고 반구형틀에 짜 넣는다. 냉동실에서 3시간 식혀서 굳힌다.

4 냉동실에서 꺼내고 틀을 분리한 다음 4등분한다.

단호박 소스

재료 20접시 분량(만들기 편한 분량), 20g 사용(1접시)

A 우유 …… 100g
　시나몬스틱 …… 1/4개
　바닐라빈 …… 1/6개 분량
단호박 …… 1/6개

B 베르주아즈(첨채당) …… 15g
　소금 …… 1g
마롱 리큐어 …… 3g

준비

냄비에 **A**를 넣고 중불로 끓인 다음, 랩을 씌워 냉장고에 하루 그대로 둔다. ⓐ

만드는 방법

1 단호박은 껍질과 씨를 제거하고 작게 잘라서 내열볼에 담아, 500W 전자레인지에 5분 가열한다.

2 ⓐ를 체에 걸러서 볼에 담고 냄비에 옮겨 데운 다음, 불에서 내린다.

3 **1**의 단호박이 따뜻할 때 **B**를 넣고, **2**를 먼저 조금 넣어서 핸드블렌더로 페이스트상태까지 돌린다.

4 남은 **2**를 조금씩 넣으면서 섞다가 부드러운 페이스트 상태가 되면 마롱 리큐어를 넣는다.

memo
• 단호박은 제각각 풍미가 다르므로 단맛이 강하면 소금(분량 외)으로 맛을 조절한다.
• 냉동실에서 2주 보관할 수 있다.

블랙커런트 무스

재료 7접시 분량(만들기 편한 분량), 3개 사용(1접시)

블랙커런트 퓌레 …… 50g
판젤라틴 …… 2.4g
A 크렘 드 카시스 …… 4.5g
생크림(유지방 35%, 80% 휘핑) …… 50g
이탈리안 머랭(p.63 참조) …… 50g

만드는 방법 (사진량＝재료의 2배)

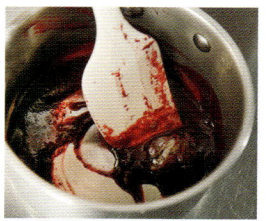 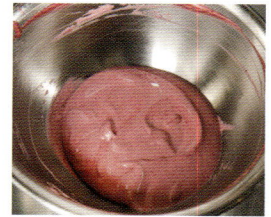 

memo
- 이탈리안 머랭은 차갑게 식혀서 사용한다.
- 냉장고에서 7일 보관할 수 있다.

1 냄비에 블랙커런트 퓌레를 넣고 중불로 데운다. 불에서 내려 얼음물(분량 외)에 불린 판젤라틴을 섞는다.

2 볼에 옮겨 얼음물 위에서 28℃로 식힌다. **A**를 넣어 섞고 차갑게 식힌 이탈리안 머랭을 섞는다.

3 둥근 깍지 짤주머니에 **2**를 넣고 OPP시트를 깐 오븐팬 위에 작은 돔모양으로 짠다. 냉동실에서 3시간 식혀서 굳힌다.

고구마칩

재료 10접시 분량(만들기 편한 분량), 1장 사용(1접시)

고구마(가는 것) …… 1/3개
식용유 …… 적당량
그래뉴당 …… 적당량

만드는 방법

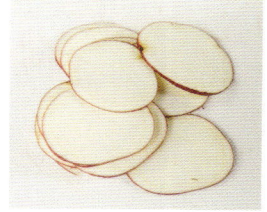  

memo
- 보관할 때는 건조제와 함께 밀폐용기에 넣고 상온에서 보관한다. 3일 보관할 수 있다.

1 고구마는 얇게 슬라이스한다.

2 프라이팬에 식용유를 붓고 150℃로 달구어서 고구마를 튀긴다. 넓게 펼친 키친타월 위에 올려 기름기를 뺀다.

3 볼에 그래뉴당과 **2**를 넣고 살짝 버무린다.

로즈메리 풍미의 크렘 파티시에

재료 10접시 분량(만들기 편한 분량), 15g 사용(1접시)

A 생크림(유지방 35%) …… 130g
우유 …… 91g
바닐라빈 …… 1/2개 분량
그래뉴당 …… 23g
로즈메리 …… 3g
달걀노른자 …… 48g
트레할로스 …… 20g
옥수수전분가루 …… 10g

만드는 방법
p.16 〈크렘 파티시에〉를 참조하여 만든다. (로즈메리는 A와 함께 넣는다.)

memo
- 냉장고에서 7일 보관할 수 있다.

밤을 주인공으로 따뜻하고 부드러운 가을의 맛을 표현하였다.
아시에트 데세르(dessert assiette, 플레이팅 디저트)의 가장 큰 장점은
'따뜻함', '차가움', '부드러움', '씹히는 식감' 등 서로 다른 디저트를 한 접시에 구성하는 것.
이런 대비 외에도 로즈메리와 블랙커런트를 조합하여 동서양의 대비도 표현하였다.

Chocolat au yuzu et poivre du Sichuan, parfumé aux graines de sésame

참깨향 유자 초피 쇼콜라

유자 콩피튀르, 크렘 앙글레즈, 초피 풍미의 테린 쇼콜라,
프랑부아즈 유자 파트 드 프뤼이, 오렌지 유자 파트 드 프뤼이,
현미차 아이스크림, 브랜디 유자 소스,
참깨 초피 헤이즐넛 프랄리네, 유자껍질 크리스탈리제,
말차 팽 드 젠, 유자 크렘 브륄레 쇼콜라

플레이팅 디자인

- 프랑부아즈 유자 파트 드 프뤼이 속에는 크렘 앙글레즈
- 카카오닙 설탕절임
- 처빌
- 크렘 앙글레즈
- 유자 크렘 브륄레 쇼콜라
- 현미차 아이스크림
- 참깨 초피 헤이즐넛 프랄리네
- 오렌지 유자 파트 드 프뤼이 속에는 유자 콩피튀르
- 초피잎
- 보리지
- 유자껍질 크리스탈리제
- 말차 팽 드 젠
- 버베나
- 펜넬꽃
- 브랜디 유자소스
- 프랑부아즈
- 민트잎
- 초피 풍미의 테린 쇼콜라

플레이팅의 기술

그릇 평평한 큰 접시(지름 24cm)

재료 1인분

- 말차 팽 드 젠 ······ 1개
- 프랑부아즈 유자 파트 드 프뤼이 ······ 5개
- 오렌지 유자 파트 드 프뤼이 ······ 4개
- 유자 콩피튀르 ······ 10g
- 브랜디 유자소스 ······ 5g
- 초피 풍미의 테린 쇼콜라 ······ 30g
- 크렘 앙글레즈 ······ 10g
- 참깨 초피 헤이즐넛 프랄리네 ······ 10g
- 유자 크렘 브륄레 쇼콜라 ······ 10g
- 유자껍질 크리스탈리제 ······ 7~8개
- 프랑부아즈 ······ 1개
- 카카오닙 설탕절임(p.127 참조) ······ 2g
- 현미차 아이스크림 ······ 20g
- 초피잎 ······ 적당량
- 펜넬꽃 ······ 적당량
- 민트잎 ······ 적당량
- 버베나 ······ 적당량
- 보리지 ······ 적당량
- 처빌 ······ 적당량

1 말차 팽 드 젠을 담고, 2종류의 파트 드 프뤼이를 올린다.

2 짤주머니에 유자 콩피튀르를 넣어 오렌지 유자 파트 드 프뤼이 속에 짜 넣는다.

3 2종류의 파트 드 프뤼이 주위에 브랜디 유자 소스를 뿌리고, 짤주머니에 넣은 테린 쇼콜라를 짠다.

4 크렘 앙글레즈를 스푼으로 떠서 프랑부아즈 유자 파트 드 프뤼이 속에 넣고 주위에도 뿌린다.

5 초피잎을 장식하고, 참깨 초피 헤이즐넛 프랄리네를 2종류의 파트 드 프뤼이 주위에 놓는다.

6 펜넬, 민트, 버베나, 보리지를 장식하고, 짤주머니에 유자 크렘 브륄레 쇼콜라를 넣어 점무늬를 그린다.

7 유자껍질 크리스탈리제와 프랑부아즈를 올리고 처빌을 장식한다. 카카오닙 설탕절임을 전체적으로 뿌린다.

8 현미차 아이스크림을 럭비공 모양(크넬)으로 올린다.

유자 콩피튀르

재료 10접시 분량(만들기 편한 분량), 10g 사용(1접시)
유자 …… 5개   그래뉴당 …… 125g
물 …… 250g   유자즙 …… 10g

memo
- 냉장고에서 5일 보관할 수 있다.

만드는 방법 (사진량 = 재료의 2배)

1 유자는 씻어서 껍질을 벗기고 스푼으로 씨를 분리한다.

2 냄비에 물(분량 외)을 끓여 껍질을 데치고, 안쪽 하얀 껍질을 제거한 다음 곱게 다진다. 과육은 크게 자른다.

3 다른 냄비에 물, 그래뉴당, 유자즙, 2를 넣고 중불에 올려 껍질이 부드러워질 때까지 끓인다.

4 불에서 내려 핸드블렌더로 페이스트상태로 간다.

크렘 앙글레즈

재료 25접시 분량(만들기 편한 분량), 10g 사용(1접시)

A 그래뉴당 …… 30g
　달걀노른자 …… 40g

B 그래뉴당 …… 30g
　바닐라빈 …… 1/3개 분량
　우유 …… 87g
　생크림(유지방 35%) …… 87g

memo
- 냉장고에서 2일 보관할 수 있다.

만드는 방법

1 볼에 A를 잘 섞는다.

2 냄비에 B를 넣고 중불로 끓여 1에 조금씩 부으면서 섞는다.

3 냄비에 다시 옮겨 중불로 82℃까지 가열한 다음, 시누아로 걸러서 다른 볼에 담는다.

4 얼음물 위에 올려서 식힌다.

초피 풍미의 테린 쇼콜라

재료 15접시 분량(만들기 편한 분량), 30g 사용(1접시)
쇼콜라 누아르(카카오 56%) …… 25g
쇼콜라 누아르(카카오 72%) …… 25g
쇼콜라 누아르(카카오 64%) …… 20g
쇼콜라 오 레(카카오 40%) …… 20g
A 카카오파우더 …… 5g
　그래뉴당 …… 50g

B 생크림(유지방 35%) …… 100g
　버터 …… 20g
　소금 …… 1g
　캐러멜(p.124 참조) …… 45g
　우유 …… 60g
　달걀노른자 …… 40g
　브랜디 …… 15g
　초피 …… 1.5g

만드는 방법
p.125 〈레드와인 풍미의 테린 쇼콜라〉를 참조하여 만든다. (우유는 B와 함께 섞고, 초피는 그 밖의 재료와 같이 섞는다.)

memo
- 가운데가 부드러운 상태로 표면이 마르면 오븐에서 꺼낸다.
- 냉장고에서 3일 보관할 수 있다.

프랑부아즈 유자 파트 드 프뤼이

재료 10접시 분량(만들기 편한 분량), 5개 사용(1접시)

A 프랑부아즈 퓌레 …… 50g
　유자즙 …… 20g
　물엿 …… 10g
　트레할로스 …… 41g

B HM펙틴 …… 0.6g
　그래뉴당 …… 41g
　프랑부아즈 퓌레 …… 20g

만드는 방법

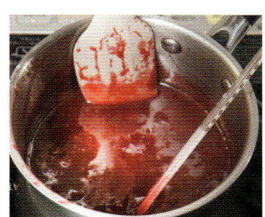

1 냄비에 **A**를 넣고 중불로 섞으면서 가열한다.

2 볼에 **B**를 잘 섞고 프랑부아즈 퓌레를 먼저 조금 넣어 섞는다.

3 **1**에 **2**와 남은 프랑부아즈 퓌레를 넣고 저으면서 103℃까지 중불로 가열한다.

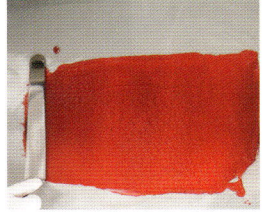
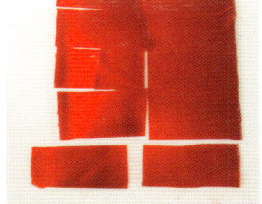
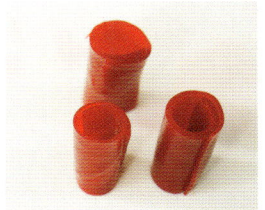

4 OPP시트를 깐 트레이에 두께 2~3mm, 10×30cm 크기로 펼쳐 놓고 상온에서 2~3일 말린다.

5 시트에서 떼어내 도마 위에 올리고 모양을 정리한다. 반으로 자르고 다시 2.5×5cm 직사각형으로 자른다.

6 가장자리부터 느슨하게 말고, 몇 개는 반으로 자른다.

memo
- 보관할 때는 건조제와 함께 밀폐용기에 넣어 상온에서 보관한다. 5일 보관할 수 있다.

오렌지 유자 파트 드 프뤼이

재료 15접시 분량(만들기 편한 분량), 4개 사용(1접시)

삼온당 …… 12g
꿀 …… 7g
오렌지 퓌레 …… 10g

A 그래뉴당 …… 3g
　HM펙틴 …… 0.8g

B 유자즙 …… 50g
　오렌지즙 …… 50g

만다린 나폴레옹 …… 1g

만드는 방법

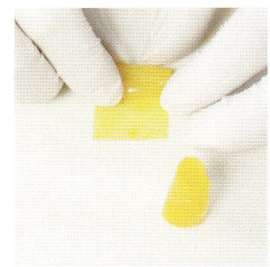

1 p.62 〈베르가모트 파트 드 프뤼이〉를 참조하여 냄비에 베르가모트 퓌레 대신 **B**를 넣어 만든 다음, 10×30cm로 자른다.

2 반으로 자르고 다시 2.5×5cm로 자른다.

3 가장자리부터 느슨하게 만다.

memo
- 보관할 때는 건조제와 함께 밀폐용기에 넣어 상온에서 보관한다. 5일 보관할 수 있다.

현미차 아이스크림

재료 20접시 분량(만들기 편한 분량), 20g 사용(1접시)

물 15g
현미차(찻잎) 8g
A 우유 …… 180g
　생크림(유지방 35%) …… 60g
　그래뉴당 …… 30g
B 달걀노른자 …… 74g
　그래뉴당 …… 30g

만드는 방법

1 냄비에 물을 넣고 중불로 끓여서 현미차(찻잎)을 넣고 랩을 씌워 3분 뜸을 들인다.

2 다른 냄비에 **A**를 넣고 중불에 올려 끓으면 **1**을 넣는다. 랩을 씌워 3분 그대로 두었다가 체에 거르고 고무주걱으로 눌러 짜서 다른 냄비에 담는다.

3 볼에 **B**를 잘 섞고 **2**를 조금씩 넣으면서 섞는다.

4 냄비에 옮겨 중불로 82℃까지 가열한다.

5 체에 걸러서 볼에 담고 얼음물 위에 올려 10℃ 이하로 식힌다.

6 아이스크림기계에 넣고 돌리다가 공기가 들어가 하얗게 변하고, 칼날에 아이스크림이 달라붙을 정도가 되면 기계를 멈춘다.

memo
- 아이스크림액에 공기가 덜 들어가면 단단해질 수 있으므로 주의한다.
- 냉동실에서 2주 보관할 수 있다.

브랜디 유자 소스

재료 20접시 분량(만들기 편한 분량), 5g 사용(1접시)

A 브랜디 …… 100g
　그래뉴당 …… 50g
　유자(5㎜ 슬라이스) …… 2장
유자즙 …… 10g

만드는 방법

1 냄비에 **A**를 넣고 중불로 2/3가 될 때까지 가열한다.

2 볼에 옮기고 얼음물 위에 올려서 식힌다.

3 얼음물에서 꺼내 유자즙을 섞는다.

memo
- 냉동실에서 2주 보관할 수 있다.

참깨 초피 헤이즐넛 프랄리네

재료 20접시 분량(만들기 편한 분량), 10g 사용(1접시)
참깨······ 10g
헤이즐넛(껍질째)······ 100g
물······ 30g
그래뉴당······ 150g
초피파우더······ 적당량

만드는 방법

1 냄비에 참깨를 넣고 고소한 향이 날 때까지 약불로 볶는다. 볼에 옮기고 한 김 식힌다.

2 p.170 〈헤이즐넛 프랄리네〉를 만들고 다른 볼에 담는다.

3 2에 1을 섞은 다음 초피를 넣어 맛을 조절한다.

memo
- 보관할 때는 건조제와 함께 밀폐용기에 넣어 상온에서 보관한다. 5일 보관할 수 있다.

유자껍질 크리스탈리제

재료 10접시 분량(만들기 편한 분량), 7~8개 사용(1접시)
유자······ 1개
A 물······ 66g
  그래뉴당······ 10g
그래뉴당······ 적당량

만드는 방법

1 유자는 씻어서 껍질을 벗기고 끓는 물(분량 외)에 3번 데친다. 안쪽 하얀 부분을 제거하고 가늘게 채썬다.

2 냄비에 **A**를 넣고 중불로 가열하여 시럽을 만든 다음, 1을 넣어 부드러워질 때까지 가열한다.

3 키친타월에 올려 시럽을 제거하고 오븐팬에 올려 수분이 조금 남아 있는 정도로 건조시킨다.

4 볼에 그래뉴당을 넣고 3을 넣어 골고루 버무린다.

5 베이킹시트를 깐 오븐팬 위에 넓게 펼쳐놓고 다시 상온에서 하루 말린다.

memo
- 껍질이 부드러워지기 전에 물이 부족해지면 보충한다.
- 보관할 때는 건조제와 함께 밀폐용기에 넣어 상온에서 보관한다. 7일 보관할 수 있다.

말차 팽 드 젠

재료 15접시 분량(만들기 편한 분량), 1개 사용(1접시)

- **A** 아몬드파우더 ······ 60g
  그래뉴당 ······ 75g
  그랑마르니에 ······ 12.5g
  말차 ······ 5g
  소금 ······ 1g
- **B** 버터 ······ 25g
  우유 ······ 15g
- **C** 달걀 ······ 95g
  그래뉴당 ······ 72.5g
- **D** 박력분 ······ 19g
  베이킹파우더 ······ 1g

초피 풍미의 테린 쇼콜라(p.236 참조) ······ 30g
참깨 초피 헤이즐넛 프랄리네(p.239 참조) ······ 15g

만드는 방법

1 p.17 〈팽 드 젠〉 만드는 방법 **1~10**을 참조하여 팽 드 젠을 만들고, 3×9㎝ 직사각형으로 자른 다음 다시 대각선으로 자른다.

2 대각선으로 자른 면만 남기고 다른 면에 팔레트나이프로 초피 풍미의 테린 쇼콜라를 바른다.

3 초피 풍미의 테린 쇼콜라 위에 참깨 초피 헤이즐넛 프랄리네를 뿌린다.

memo
- 테린 쇼콜라를 바르기 전의 팽 드 젠은 냉동실에서 3주 보관할 수 있다.

유자 크렘 브륄레 쇼콜라

재료 40접시 분량(만들기 편한 분량), 10g 사용(1접시)

쇼콜라 누아르(카카오 64%) ······ 40g
쇼콜라 누아르(카카오 56%) ······ 26g
카카오파우더 ······ 4g
그래뉴당 ······ 5g
옥수수전분가루 ······ 5g
우유 ······ 130g
생크림(유지방 35%) ······ 90g
달걀노른자 ······ 25g
유자즙 ······ 20g

만드는 방법

p.126 〈크렘 브륄레 쇼콜라〉 만드는 방법 **1~4**를 참조하여 반죽을 만들고 유자즙을 섞는다.
5를 참조하여 구운 다음 표면에 랩을 밀착시켜 씌우고 상온에서 식힌다. 냉장고에서 2시간 더 식혀서 굳힌다.

memo
- 냉장고에서 2일 보관할 수 있다.

쇼콜라에 유자, 초피, 참깨, 말차, 현미차를 넣어
동양 풍미로 조합하고 섬세하게 변화하는 맛을 표현하였다.
프랄리네, 볶은 현미, 참깨의 고소함도 복잡하게 교차시켜
독특한 대조를 즐길 수 있다.
식용꽃과 허브를 장식하여
세련되면서도 화려한 분위기로 완성하였다.

용어 해설

ㄱ·ㄴ

가가보차(加賀棒茶) 이시카와현 가가지방의 특산품 녹차. 줄기를 이용하여 만든다.

가나슈(ganache) 쇼콜라를 베이스로 생크림, 버터, 우유 등을 넣고 섞은 것.

그리오트(griotte) 체리의 한 품종. 잘 익으면 일반 체리보다 더 짙은 검붉은 색을 띠며, 새콤달콤한 맛이 난다.

나가노 퍼플(ナガノパープル) 나가노현에서 생산되는 알이 큰 포도 품종. 씨가 없고 껍질째 먹을 수 있다.

나파주(nappage) 요리, 과자 등의 겉면에 윤기를 내기 위해 바르거나 뿌리는 잼, 또는 소스.

누가(nougat) 잘게 자른 아몬드에 설탕액을 넣고 버무린 다음 구운 것(이 책에서는 헤이즐넛을 사용).

ㄷ·ㄹ

다쿠아즈(dacquoise) 거품을 낸 달걀흰자에 아몬드파우더, 밀가루, 설탕을 넣고 구운 것.

단파흑두(丹波黑豆) 일본의 검은콩 품종. 알이 크고 맛이 좋다.

더우미아오(묘苗) 완두의 새싹. 샐러드, 볶음, 데침, 수프 등에 주로 쓰인다.

로티(rôti) 구이.

리본상태 거품기를 들어올렸을 때 반죽이 일정한 폭을 유지하면서 부드럽게 떨어져, 겹쳐지면서 잠시 남아 있다가 천천히 사라지는 상태.

리치 리큐어 열대과일인 리치(litch) 추출물로 풍미를 낸 리큐어.

리카(ricard) 아니스와 감초를 배합한 프랑스의 리큐어.

ㅁ·ㅂ

만다린 나폴레옹(manadarine napoleon) 엄선된 스페인산 만다린 오렌지와 코냑으로 만드는 리큐어.

말토섹(maltosec) 유분을 흡수하는 성질이 있어서 지방성분을 함유한 재료를 고형화 시켜주는 물질.

미드(mead) 꿀에 맥아, 이스트, 향료, 물 등을 넣어 발효시킨 리큐어로 일종의 꿀술.

베르가모트(bergamot) 감귤류. 푸른색이 도는 과육은 먹을 수 없으므로 겉껍질을 사용하고, 두꺼운 껍질에서 에센셜 오일을 얻는다. 특히 얼그레이 티에 많이 이용한다.

베르주아즈(vergeoise) 사탕무로 만든 첨채당.

베지터블 증점제(vegetable gelling) 여러 가지 액체를 젤리화하는 스페리피케이션(spherification)용 증점제.

보리지(borage) 별모양의 꽃이 피는 허브.

블루맬로(blue mallow) 아욱과에 속하는 허브. 차를 우려내면 푸른색을 띤다.

비스퀴 쇼콜라 상 파린(biscuit chocolat sans farine) 밀가루를 사용하지 않은 쇼콜라 반죽.

비스퀴 조콩드(biscuit joconde) 아몬드파우더를 넣은 스펀지 시트.

ㅅ

사바랭(savarin) 프랑스식 생과자. 럼주를 섞은 시럽에 담가서 술맛이 느껴지며, 생크림, 체리 따위를 곁들인다.

사바용(sabayon) 달걀노른자, 설탕, 화이트 와인, 향료를 섞어서 만든 소스.

샤인머스캣(shine muscat) 껍질째 먹는 씨 없는 청포도. 망고향이 난다고 해서 망고포도라고도 부른다.

소르베(sorbet) 과일이나 리큐어, 시럽 등을 얼린 것.

쇼콜라 누아르(chocolat noir) 카카오매스 함량이 35% 이상인 블랙 초콜릿.

쇼콜라 블랑(chocolat blanc) 카카오지방을 원료로 분유, 설탕 등을 첨가하여 만든 화이트 초콜릿.

쇼콜라 오 레(chocolat au lait) 카카오에 우유를 첨가하여 만드는 밀크 초콜릿.

수플레(soufflé) 달걀흰자를 거품내고 치즈나 고기 생선 등의 재료를 섞어 틀에 넣고 오븐에 구워 부풀린 요리 또는 과자.

스페리피케이션(spherification) 구체화(球體化). 분자요리의 기법으로 젤라틴 막 속에 액체를 가두어 구형으로 만든다.

스페퀼로스(spéculoos) 벨기에의 전통과자. 시나몬, 넛메그 등의 향신료를 넣어 만든다.

시가르(cigare) 밀가루, 버터, 설탕, 달걀로 반죽을 만들고 틀에 감아서 타원형으로 구운 것.

시누아(chinois) 금속의 원뿔모양 체.

시부스트 쇼콜라(chiboust chocolat) 크렘 시부스트를 응용한 것으로, 본래 사용하는 크렘 파티시에가 아닌 크렘 브륄레 쇼콜라를 이탈리안 머랭과 같이 섞은 것.

시콰사(シークワーサー) 시큼한 향과 진한 신맛이 있는 오키나와 특산 감귤류.

ㅇ·ㅈ

아가(agar) 한천을 주원료로 만든 응고제. 한천을 사용했을 때와 동일한 점성과 굳기의 젤리 등을 만들 수 있다.

아마레토(amaretto) 아몬드 풍미의 리큐어.

아몬드 슬리버드(almond slivered) 세로로 쪼갠 아몬드.

아시에트 데세르(assiette dessert) '접시 디저트'라는 의미로 즉석에서 만든 여러 가지 디저트를 접시에 보기 좋게 플레이팅해서 내놓는 '플레이팅 디저트'를 말한다.

엘더플라워(elderflower) 리큐어 서양딱총나무 꽃인 엘더플라워로 풍미를 낸 리큐어.

와라비모치(わらびもち) 고사리 전분을 반죽해서 만든 떡. 콩가루 등을 찍어 먹는다.

와라비모치 가루(わらびもち粉) 와라비모치를 만드는 가루. 예전에는 고사리전분만 사용했지만, 최근에는 고구마전분에 고사리전분을 조금 섞은 것이나 가공 전분을 섞은 것 등을 사용한다.

줄레(gelée) 젤리.

ㅋ

카다이프(kadaif) 옥수수전분가루, 밀가루, 소금 등으로 만든 매우 가는 실모양의 반죽.

칼피스(calpis)액 우유를 가열·살균하고 냉각·발효한 뒤 설탕과 칼슘을 넣어 만든 음료.

캐러멜리제(caramélisées) 캐러멜상태의 설탕을 묻힌 것 또는 설탕을 뿌리고 표면을 캐러멜상태로 만든 것.

콩포트(compote) 과일을 시럽으로 조린 것.

콩피튀르(confiture) 과일의 과육, 과즙 또는 과육과 과즙을 모두 넣고 같은 양의 설탕을 넣어 조린 것.

크럼블(crumble) 밀가루, 설탕, 버터 등을 섞어서 소보로상태로 만든 것.

크렘 드 앙글레즈(crème de anglaise) 우유, 설탕, 달걀노른자를 베이스로 만든 크림.

크렘 드 카시스(crème de cassis) 으깬 블랙커런트에 무색무취의 도수 높은 증류주를 붓고 설탕을 더해서 만든 리큐어.

크렘 드 프랑부아즈(crème de framboise) 프랑부아즈 풍미의 리큐어.

크렘 드 프레즈(crème de fraise) 딸기 풍미의 리큐어.

크렘 무슬린(crème mousseline) 크렘 파티시에에 크림상태의 버터를 넣어 향을 더한 크림.

크렘 브륄레(crème brûlée) 차가운 크림 커스터드 위에 유리처럼 얇고 파삭한 캐러멜 토핑을 얹어 내는 프랑스의 디저트.

크렘 샹티이(crème chantilly) 설탕을 넣은 생크림.

크렘 파티시에(crème patissiere) 우유, 설탕, 달걀노른자, 밀가루(또는 전분)을 베이스로 만든 크림.

크렘 푸에테(crème fouetter) 설탕을 사용하지 않은 생크림.

크리스탈리제(cristalliser) 설탕을 재료 표면에 묻혀서 결정화시킨 것.

키르슈(kirsch) 버찌를 증류한 과일 브랜디.

ㅌ

타탱(tatin) 타르트 타탱. 사과, 설탕, 버터를 볶아서 틀에 깔고 굽다가 파이 반죽을 위에 올려서 구운 다음, 완성되면 뒤집는다.

테린 쇼콜라(terrine chocolat) 초콜릿을 듬뿍 넣은 반죽을 틀에 넣고 찌듯이 구운 케이크.

튀일(tuile) 기와, 또는 기와모양의 비스킷.

트레할로스(trehalose) 효모, 버섯, 해초 등에 포함되어 있는 천연 당질. 설탕 대체품으로 이용될 뿐 아니라, 보습성이 높아서 식품가공이나 화장품 등에 널리 이용된다.

트리몰린(trimoline) 전화당. 포도당과 과당을 분해하여 혼합한 것으로, 설탕보다 달고 깊은 맛이 강하며 설탕의 재결정화나 건조를 방지한다.

ㅍ · ㅎ

파트 드 프뤼이(pâte de fruits) 과일 퓌레 또는 즙에 설탕 등을 넣어 조린 다음, 틀에 넣어 굳히고 작게 잘라 설탕을 묻힌 것.

파트 아 봄브(pâte a bombe) 계란 노른자를 휘핑한 것에 118~121℃ 정도로 끓인 설탕 시럽을 부어 만든 것으로, 무스나 파르페 등 여러 가지 제과의 베이스로 사용된다.

팽 드 젠(pain de genes) 아몬드파우더, 달걀 등으로 만든 스펀지 시트.

팽 오 미엘(pain au miel) 꿀을 넣어 만든 빵.

팽 페르뒤(pain perdu) 우유와 달걀에 빵을 흠뻑 적신 후 버터를 두르고 구워서 만든 프렌치 토스트.

퐁당 오 쇼콜라(fondant au chocolat) 프랑스의 대표적인 디저트. 겉은 바삭하고 자르면 속에서 초콜릿 소스가 흘러나온다.

퐁포네트(pomponette) 틀 작고 둥근 모양의 틀.

푀양틴(feuillantine) 얇게 구운 사블레, 크레페 등을 잘게 부순 조각.

푀이타주 앵베르세(feuilletage inversé) 프랑스어로 거꾸로 만든 파이를 말한다. 보통 파이 반죽은 밀가루로 버터를 싸서 만들지만, 푀이타주 앵베르세는 버터로 밀가루를 싼 다음 반죽을 접어서 만들기 때문에 버터를 많이 사용하고 바삭한 식감이 강하다.

프랄리네(praline) 아몬드나 헤이즐넛에 캐러멜을 입힌 것.

프랄린(pralin) 졸인 설탕액에 아몬드를 넣고 버무린 다음, 식혀서 곱게 빻은 것(이 책에서는 파우더를 사용한다).

프랑부아즈(framboise) 라즈베리.

프로마주 크뤼(fromage cru) 크림치즈와 사워크림을 베이스로 만든 크림.

프뤼이 루즈(fruits rouges) 딸기, 블루베리, 프랑부아즈 등의 베리류.

핫사쿠(八朔) 귤의 한 품종. 일본 후쿠오카현에서 많이 나며, 작고 단맛이 강하다.

INDEX

메인과 서브의 구성 요소

- **로티**
  - 무화과 로티 187
  - 황도 로티 215
- **마리네이드**
  - 멜론 마리네이드 100
- **무스**
  - 꿀 무스 144
  - 당근 무스 222
  - 라벤더 풍미의 쇼콜라 무스 156
  - 라임 무스 114
  - 레몬그라스 무스 172
  - 마롱 무스 231
  - 마스카르포네치즈 무스 95
  - 멜론 무스 101
  - 블랙커런트 무스 232
  - 서양배 무스 48
  - 쇼콜라 블랑 무스 52, 214
  - 아마레토 무스 180
  - 아보카도 무스 205
  - 치즈 무스 72
  - 캐모마일 무스 65
  - 코코넛 무스 138
  - 화이트와인 무스 63
- **빵**
  - 팽 오 미엘 147
  - 팽 오 미엘 시럽절임 148
  - 팽 페르뒤 190
- **사바랭**
  - 오렌지 체리 사바랭 200
- **소르베**
  - 가가보차 자몽 소르베 106
  - 그랑마르니에 소르베 126
  - 그리오트 로즈마리 소르베 53
  - 딸기 바질 소르베 94
  - 레몬 소르베 168
  - 리치 소르베 223
  - 민트 소르베 164
  - 백도 와사비 소르베 120
  - 서양배 소르베 46
  - 청소엽 화이트와인 소르베 125
- **소테**
  - 감 소테 27
  - 바나나 밤 캐러멜 소테 174
- **수프**
  - 토마토 오렌지 냉수프 162
- **수플레**
  - 고르곤졸라치즈 수플레 73
  - 수플레 프로마주 32
  - 에스프레소 수플레 178
- **시폰케이크**
  - 피스타치오 시폰케이크 80
- **아이스크림**
  - 간장 바닐라 아이스크림 208
  - 견과류와 스페퀼로스 스파이스 풍미의 아이스크림 189
  - 라벤더 아이스크림 154
  - 럼주 아이스크림 26
  - 메이플슈거 바닐라 아이스크림 118
  - 바닐라 아이스크림 75
  - 요구르트 아이스크림 163
  - 율무차 아이스크림 88
  - 카르다몸 아이스크림 15
  - 코코넛 아이스크림 35
  - 클로브(정향) 아이스크림 217
  - 프랄리네 아이스크림 171
  - 프뤼 루즈와 타임 아이스크림 34
  - 현미차 아이스크림 238
- **와라비모치**
  - 자몽 와라비모치 108
- **크렘 브륄레**
  - 바나나 크렘 브륄레 89
  - 얼그레이 크렘 브륄레 44
  - 유자 크렘 브륄레 쇼콜라 240
  - 크렘 브륄레 쇼콜라 126
- **타탱**
  - 사과 타탱 14
- **테린 쇼콜라**
  - 레드와인 풍미의 테린 쇼콜라 125
  - 초피 풍미의 테린 쇼콜라 236
  - 커피 풍미의 테린 쇼콜라 182
- **팽 드 젠**
  - 말차 팽 드 젠 240
  - 팽 드 젠 17
- **퐁당**
  - 라벤더 풍미의 퐁당 오 쇼콜라 153
  - 마롱 퐁당 230

장식의 구성 요소

- **가나슈**
  - 라벤더 풍미의 가나슈 152
- **거품**
  - 딸기 거품 95
  - 로즈메리 거품 55
  - 말차 거품 102
  - 민트 거품 110
  - 백도 프랑부아즈 거품 118
  - 생강 거품 163
  - 카페라테 거품 179
- **나파주**
  - 귤 나파주 60
  - 백도 나파주 117
  - 사과 레몬 나파주 215
- **농축액**
  - 라벤더 농축액 152
  - 바닐라 농축액 70
- **누가**
  - 누가 181
- **다쿠아즈**
  - 다쿠아즈 173, 178
- **마리네이드액**
  - 백도 마리네이드액 116
- **머랭**
  - 라벤더 블루맬로 머랭 155
  - 머랭 38

이탈리안 머랭 63
• 반건조 자몽
  반건조 자몽 108
• 반죽
  비스퀴 쇼콜라 상 파린 128
  생강 비스퀴 조콩드 206
  시나몬 바닐라 대나무숯 크레페 70
  푀이타주 앵베르세 22
• 발효유
  발효유 146
• 봄브(파트 아 봄브)
  럼주 봄브 81
• 설탕가루
  민트 설탕가루 39
  바질 설탕가루 96
  설탕 입힌 식용꽃 64
  와사비 설탕가루 119
  차즈기 설탕가루 55
  청소엽 설탕가루 130
• 설탕절임
  망고 설탕절임 140
  카카오닙 설탕절임 127
  크랜베리 설탕절임 39
• 소스
  꿀 올리브오일 소스 48
  농축 사과 소스 13
  단호박 소스 231
  당근 프랑부아즈 소스 222
  럼주 소스 81
  레드와인 소스 169
  말차 소스 102
  망고 프랑부아즈 소스 140
  무화과 레드와인 소스 187
  미드 사바용 148
  브랜디 유자 소스 238
  블랙커런트 소스 158
  생강 패션프루트 소스 214
  에스프레소 소스 179
  요구르트 소스 61

차즈기 소스 56
채소 과일 소스 224
토마토 프랑부아즈 소스 162
프랑부아즈 백도 라임 바닐라
  소스 116
핫사쿠 소스 196
• 슈거, 스파이스, 파우더
  라벤더 슈거 153
  스페퀼로스 스파이스 188
  코코넛오일 파우더 135
• 스페리피케이션
  베르가모트 스페리피케이션 64
  블랙커런트 스페리피케이션 74
• 시가르
  시가르 145
• 시럽
  오렌지 시럽 199
  커피 시럽 178
• 시부스트 쇼콜라
  시부스트 쇼콜라 128
• 줄레
  멜론 줄레 100
  민트 줄레 110
  오렌지 줄레 197
  자몽 줄레 109
• 초콜릿 장식
  망고형 쇼콜라 블랑 몰드 136
  초콜릿 장식 192
  판초콜릿 장식 66
• 칩
  고구마칩 232
• 카다이프
  카다이프 136
• 카페 프랄린
  카페 프랄린 179
• 캐러멜
  캐러멜 86, 124
• 캐러멜리제
  바나나 캐러멜리제 24, 87

사과 캐러멜리제 127
아몬드 캐러멜리제 218
• 콩포트
  귤 콩포트 60
  그리오트 콩포트 35
  레몬 콩포트 168
  루바브 레드와인 콩포트 124
  루바브 콩포트 224
  무화과 콩포트 76
  사과 콩포트 12
  서양배 콩포트 47
  포도 콩포트 145
• 콩피튀르
  귤 콩피튀르 61
  그리오트 콩피튀르 54
  딸기 콩피튀르 94
  레몬 콩피튀르 76
  망고 콩피튀르 134
  무화과 팥 콩피튀르 186
  백도 라임 바닐라 콩피튀르 115
  살구 오렌지 콩피튀르 33
  서양배 바닐라 올리브 콩피튀르 47
  오렌지 콩피튀르 204
  유자 콩피튀르 236
  파프리카 콩피튀르 224
  황도 살구 콩피튀르 216
• 크럼블
  바닐라 크럼블 37
  쇼콜라 카페 크럼블 157
  쇼콜라 크럼블 129
  스페퀼로스 스파이스 크럼블 188
• 크렘 무슬린
  크렘 무슬린 27
• 크렘 샹티이
  바닐라 풍미의 크렘 샹티이 119
• 크렘 앙글레즈
  크렘 앙글레즈 170, 236
• 크렘 파티시에
  로즈메리 풍미의 크렘 파티시에 232

캐러멜 풍미의 크렘 파티시에　87
  크렘 파티시에　16
  타탱 풍미의 크렘 파티시에　16
• **크렘 푸에테**
  럼주 풍미의 크렘 푸에테　24
  리치 풍미의 크렘 푸에테　223
  마롱 풍미의 크렘 푸에테　229
• **크리스탈리제**
  견과류 3종 크리스탈리제　189
  생강 크리스탈리제　209
  아몬드 크리스탈리제　174
  오렌지 크리스탈리제　205
  유자껍질 크리스탈리제　239
  자몽껍질 크리스탈리제　107
  잣 크리스탈리제　218
• **크림**
  그리오트 크림　38
  레몬 크림　36
  마롱 크림　230
  마스카르포네치즈 크림　169
  망고 크림　135
  발효유 크림　147
  타임 풍미 치즈크림　33
  프로마주 블랑 크림　96
  피스타치오 크림　86
• **튀일**
  나뭇잎모양 튀일　25
  발효유 튀일　146
  카카오 튀일　158
  튀일　210
  풋콩 튀일　90
  프랑부아즈 튀일　115
  황도 튀일　216

• **파트 드 프뤼이**
  베르가모트 파트 드 프뤼이　62
  오렌지 유자 파트 드 프뤼이　237
  오렌지 줄레와 자몽 파트 드 프뤼이
　　장식　199
  자몽 파트 드 프뤼이　198
  프랑부아즈 유자 파트 드 프뤼이　237
• **페이스트**
  당근 페이스트　222
  병아리콩 페이스트　83
  아보카도 페이스트　204
  오렌지 페이스트　196
• **퓌레**
  사과 퓌레　13
• **프랄리네**
  참깨 초피 헤이즐넛 프랄리네　239
  헤이즐넛 프랄리네　170
• **프로마주 크뤼**
  프로마주 크뤼　36
• **훈제 아몬드**
  훈제 아몬드　18
• **기타**
  건포도 화이트와인절임　144
  검은콩(단파흑두) 단조림　85
  밤조림　228
  삶은 풋콩　90
  아메리칸체리 보드카절임　182
  얼린 자몽　109
  클로브(정향) 풍미의 녹두　82
  팥조림　186
  흰강낭콩 시럽조림　84

글쓴이 _ 마쓰시타 유스케[松下 裕介]
Calme Elan 오너 파티시에.
제과전문학교 졸업 후 도쿄, 오사카, 이시카와의 파티세리에서 10년 동안 배우면서 경험을 쌓은 뒤 독립하였다.
2014년 12월, 아시에트 데세르 전문점 〈Clam Elan〉을 오픈하였다.

옮긴이 _ 용동희
다양한 분야를 넘나들며 활동하는 푸드디렉터. 메뉴 개발, 제품 분석, 스타일링 등 활발한 활동을 이어가고 있다.
현재 콘텐츠 그룹 CR403에서 요리와 스토리텔링을 담당하고 있으며, 그린쿡과 함께 일본 요리책을 한국에 소개하는 요리 전문 번역가로도 활동하고 있다.

플레이팅 디저트

펴낸이	유재영	**기획**	이화진	
펴낸곳	그린쿡	**편집**	이화진, 박선희	
글쓴이	마쓰시타 유스케	**디자인**	임수미	
옮긴이	용동희			

1판 1쇄 2017년 12월 10일
1판 6쇄 2025년 3월 28일

출판등록 1987년 11월 27일 제10-149
주소 04083 서울 마포구 토정로 53(합정동)
전화 02-324-6130, 324-6131
팩스 02-324-6135

E-메일 dhsbook@hanmail.net
홈페이지 www.donghaksa.co.kr / www.green-home.co.kr
페이스북 www.facebook.com/greenhomecook
인스타그램 www.instagram.com/___greencook

ISBN 978-89-7190-613-2 13590

• 잘못된 책은 구매처에서 교환하시고, 출판사 교환이 필요할 경우에는
  사유를 적어 도서와 함께 위의 주소로 보내주세요.

GREENCOOK은 최신 트렌드의 요리, 디저트, 브레드는 물론 세계 각국의 정통 요리를 소개합니다. 국내 저자의 특색 있는 레시피,
세계 유명 셰프의 쿡북, 전 세계의 요리 테크닉 전문서적을 출간합니다. 요리를 좋아하고, 요리를 공부하는 사람들이 늘 곁에 두고 활용하면서
실력을 키울 수 있는 제대로 된 요리책을 만들기 위해 고민하고 노력하고 있습니다.

ASSIETTE DESSERT SENMONTEN NO SARAMORI DESSERT
by MATSUSHITA Yusuke
Copyright © 2016 MATSUSHITA Yusuke
All rights reserved.
Originally published in Japan by KAWADE SHOBO SHINSHA LTD. PUBLISHERS, Tokyo.
Korean translation rights arranged with KAWADE SHOBO SHINSHA LTD. PUBLISHERS, Japan
through THE SAKAI AGENCY and ENTERS KOREA CO., Ltd.
Korean translation rights © 2017 by Donghak Publishing Co., Ltd.

이 책의 한국어판 저작권은 (주)엔터스코리아를 통해 저작권자와 독점 계약한 주식회사 동학사 (그린쿡) 에 있습니다 .
저작권법에 의하여 한국 내에서 보호를 받는 저작물이므로 무단전재와 무단복제 , 광전자 매체 수록 등을 금합니다 .